湖北大学国家级创新创业学院建设成果

创 新 创 业 教 育 系 列 教 材

创业法律基础

孙玉凤 编著

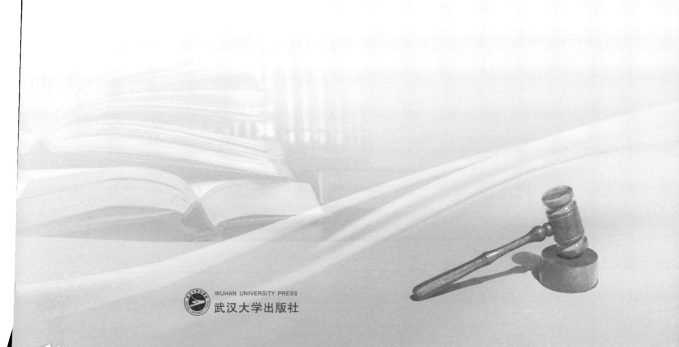

WUHAN UNIVERSITY PRESS
武汉大学出版社

图书在版编目(CIP)数据

创业法律基础 /孙玉凤编著. -- 武汉 ：武汉大学出版社,2024.12.
创新创业教育系列教材. -- ISBN 978-7-307-24797-0

Ⅰ. D922.291.91

中国国家版本馆 CIP 数据核字第 2024FR5045 号

责任编辑:李彤彤　　　责任校对:汪欣怡　　　版式设计:马　佳

出版发行:**武汉大学出版社**　　(430072　武昌　珞珈山)

（电子邮箱:cbs22@ whu.edu.cn 网址:www.wdp.com.cn）

印刷:湖北云景数字印刷有限公司

开本:787×1092　　1/16　　印张:11　　字数:215 千字　　　插页:1

版次:2024 年 12 月第 1 版　　　2024 年 12 月第 1 次印刷

ISBN 978-7-307-24797-0　　　定价:39.00 元

前　言

为了贯彻落实党的教育方针，实施科教兴国、人才强国、创新驱动发展战略，进一步提升创业主体的综合能力，塑造创业主体的社会主义法治理念，帮助创业者快速了解创业中必备的法律知识，我们特别编写了本书。

本书以习近平法治思想为指导，以依法创业为主线，根据目前最新的法律规定，参考学者的研究成果、编者的企业法律顾问实践经验，从创业的法律基础知识、创业商事组织法、创业中的合同管理、创业中的争议解决等方面对创业中的法律问题进行了归纳总结。

全书共五章，每章从引言、引例、正文、练习题四个方面展开。其中引例放在正文前面，选取的案例都是近年社会热点或企业常见的法律纠纷。读者可以带着问题有目的地学习，提高学习兴趣。

本书的主要特点包括：一是坚持树立创业者的法治理念。二是针对性强。本书从创业者角度，紧密围绕创业过程中的法律需求安排章节内容，贴近创业者的实际需求。三是条理清楚，内容翔实。本书在编写的过程中，既引用了大量法律条文，也有详细的分析，做到了内容清楚、通俗易懂。

目　　录

第一章　创业法律基础知识

◎ 引言

创业是创业者实现自我价值的过程。创业过程充满艰辛，法律风险是伴随创业全过程的风险。创业者需要掌握基本的法律知识，具备良好的法律素养，明确法律对创业的重要意义，树立正确的创业观，依法创业、合法经营，善于运用法律维护自身以及企业的合法权益，方能行稳致远。

◎ 本章引例

王某和李某是同事，2016 年 10 月王某因办理出国手续向李某借款 3 万元，并立字据约定王某在出国前将钱款还清。此后王某出国，在国外生活了 3 年，其间李某与王某一直通过电话联系，但是双方对借钱一事只字未提。2020 年 12 月 30 日王某回国，李某因盖房急需用钱，找到王某，王某表示尽快还钱，并在原字据上写下"2021 年 1 月 30 日前还清"。2021 年 2 月 10 日李某再找王某时，王某称债务早已过诉讼时效，不用返还。

根据以上材料，回答下列问题：

1. 李某对王某债权的诉讼时效期间是否已经届满？

2. 王某在字据上写下"2021 年 1 月 30 日前还清"的行为有何效力？

3. 李某能否通过诉讼要回王某欠他的钱？

4. 若 2016 年 10 月李某借钱给王某时，双方未在字据中约定还款期限，则 2020 年王某回国时李某请求王某还款能否得到法院支持？

第一节　法律的基本概念

一、法的概念

法的概念是法理学的核心问题。法的概念问题涉及法和法律的语义、法的本质、法的基本特征、法的作用等，涉及法与国家、阶级、社会和物质生活条件等的关系。不同学派对法的概念和本质有不同的观点，例如，自然法学派认为，在国家制定的实在法之上存在着一种"与公平正义有着必然联系"的自然法；社会法学派则认为，法是以最小代价实现满足社会全体最大欲望的社会制度；马克思主义经典作家批判继承了法学先哲关于法概念的学说思想，从国家、阶级和物质条件等角度给出了法的科学定义，即法是反映由一定物质生活条件所决定的统治阶级意志的，由国家制定或认可并得到国家强制力保证的，赋予社会关系参加者权利与义务的社会规范的总称。

二、法的特征

为了准确把握法的概念、加深对法的本质的理解，正确认识法的价值，充分发挥法的作用，可以将法的基本特征概括为以下五点：

（一）法是由一定物质生活条件所决定的统治阶级意志的体现

马克思主义认为，统治阶级的意志通过法律的形式上升为国家意志。法作为统治阶级意志的体现，同时又具有代表全社会的属性。因此，一方面，法代表的是统治阶级的整体意志，而不是统治阶级中个别人或个别集团的意志；另一方面，法也根据不同阶级、阶层和利益群体相互斗争和妥协的具体情况，尽可能关注被统治阶级和社会弱势群体等的权利和利益。但是，在本质上，法仍集中体现统治阶级的利益。

按照马克思主义"经济基础决定上层建筑"的基本原理，作为上层建筑重要组成部分的法，是由具体的经济基础即特定的物质生活条件所决定的，因此，统治阶级不可能任意立法。马克思所说的"君主们在任何时候都不得不服从经济条件，并且从来不能向经济条件发号施令"，即表明统治阶级的意志必须服从于社会的物质生活条件。[①]

从现象层面认识法，法是被奉为法律的国家意志。从本质层面认识法，法是统治阶级意志的体现，这是对法本质认识的第一层次；法所反映的统治阶级意志受到物质生活条件的制约，这是对法本质的更深层次的认识。

（二）法是由国家制定或认可的行为规范

法由国家制定或认可，突出体现了法的国家意志性。由国家制定和认可，是国家创制法的两种方式。"制定"即有权的国家机关根据调整社会关系和规范人的行为的需要，依照一定程序创制新的法律规范。通常，国家通过立法机关、行政机关立法的形式制定法律，

---

① 马克思恩格斯文集：第 3 卷［M］．北京：人民出版社，2009：48．

也有一些国家通过司法机关判决的形式形成判例法，这些都是国家制定法律的方式。"认可"即由国家权力确认某种社会上已经通行的规则具有法律效力，这些规则可能来源于习惯、教义或礼仪等。国家制定或认可的特征使法具有极大的权威性和高度的统一性。法的权威性是指法的不可违抗性，任何人均应遵守和执行；法的统一性是指不同法律规范之间在根本原则上是一致的，除极特殊情况外，一个国家只能有一个总的法律体系，且该法律体系内部各规范之间不能相互矛盾，在本国主权范围内具有普遍拘束力。

（三）法是由国家强制力保证实施的行为规范

任何一种社会规范都有一定的实施保证，如违反道德规范会受到舆论的谴责。法与其他类型的社会规范的不同在于，法是由国家强制力保证实施的，对违法和犯罪行为，国家将通过一定的程序对行为者进行强制制裁。国家强制力由军队、警察、监狱等国家机器作为支持。

当然，法具有国家强制性并不意味着法律规范的实施都是依靠国家强制而实现，也不等于国家强制力是保证法律实施的唯一力量。事实上，法律的实施主要依赖于社会主体的自觉遵守和执行。只有相关社会主体不遵守法律规范，并依照法律规范就不遵守法律规范的行为应当承担相应的法律责任时，才会由国家机器保证其实施。在社会主义社会，法律的实施虽然离不开国家的物质强制力量作为最后一道防线，但在其实施过程中起经常性保证作用的是法律自身的道德力量，是人们对法律的认同、尊重和信仰。在社会主义制度下，所有的公民，从国家元首、执政党的领袖到普通工人和农民，都既享有权利，又负有义务，享有的权利越多，承担的义务也越多；并且作为手段，社会主义法定权利和义务都是以人民的根本利益为依据的，都是为了巩固和发展社会主义民主和社会主义经济制度，建设社会主义物质文明、政治文明、精神文明、社会文明、生态文明，满足人民群众的物质利益和精神上自由发展的需要。这是空前公正合理的，能够引起绝大多数人的心理认同、道德拥护和自觉遵守。[①]

（四）法是调整社会关系的行为规范

法是调整社会关系的规范，它通过规范人们的行为而达到调整社会关系的目的。法并不会对人的所有行为都进行规范，因而也不会对所有社会关系都进行调整，它只调整它认为重要并且适合由其调整的社会关系。行为规范大致可以分为两大类：一类是社会规范，调整人与人之间的关系，约束人的行为；另一类是技术规范，调整人与自然、人与劳动工

---

① 孙国华，黄金华 . 法是"理"与"力"的结合 [J]. 法学，1996（01）：3-5.

具之间的关系，如度量衡等，这些规范一般不属于法的范畴。随着管理科学的出现和发展，人类管理社会的规则也不断技术化，进而产生了所谓的社会技术规范，如环境保护、食品安全、建筑质量标准等。这些规范经国家制定或认可后，也纳入法律规范的范畴。法在形式上具有规范性、一般性、概括性的特征；法所调整的对象不是特定的，而是一般的行为或社会关系；作为由国家制定的社会规范，法具有指引、评价、预测、教育和强制等规范作用。

(五)法是规定权利和义务的社会规范

权利和义务是法调整社会关系参加者行为的基本表达形式。法通过确定各方的权利和义务，发挥影响人们的动机、指引人们的行为和调节社会关系的功能。法律所规定的权利义务不仅指个人、组织(法人和非法人组织)及国家(作为普通法律主体)的权利和义务，还包括国家机关及其公职人员在依法执行公务时所行使的职权和承担的职责。

还应指出的是，法律虽是调整人类社会关系的重要社会规范，但并不是唯一的社会规范。在规范人的行为、调整社会关系方面，道德规范、宗教规范以及风俗习惯等也在不同范围内和不同程度上发挥着十分重要的作用。另外，党纪规范在保证党的路线、方针、政策的贯彻执行，端正党风并促进社会风气好转等方面都发挥着十分重要的作用。在诸种社会规范中，道德规范虽不同于法律规范，但又与法律规范联系最为密切。道德规范是维系一个社会的最基本的规范体系，如果一个社会的道德规范整体缺失，仅凭法律是不可能维系整个社会的基本生活秩序的。法律与道德虽紧密相连，但也存在明显差异。法律与道德规范在调整社会行为时有交叉，法律禁止的行为通常也为道德所谴责，而法律鼓励的行为亦为道德所倡导。然而，法律是社会制度的一部分，侧重于权利与义务的规范和平衡，并通过国家强制力执行；而道德属于社会意识形态，强调个人对社会的责任和义务，其实现主要依靠社会舆论和个人信念。

三、法的体系

法的体系是指一个国家的全部法律规范，按照一定的原则和要求，根据法律规范的调整对象和调整方法的不同，划分为若干法律部门，进而形成的有机联系、内在统一的整体。

根据全国人民代表大会常务委员会的有关文件规定，我国社会主义法律体系包含以下七个法律部门：

(一)宪法及宪法相关法

宪法是国家的根本大法，规定国家的根本制度和根本任务、公民的基本权利和义务等内容。宪法相关法是与宪法相配套、直接保障宪法实施和国家政权运作等方面的法律规范的总和，主要包括四个方面：有关国家机构的产生、组织、职权和基本工作制度的法律；有关民族区域自治制度、特别行政区制度、基层群众自治组织的法律；有关维护国家主权、领土完整和国家安全的法律；有关保障公民基本权利的法律。

(二)刑法

刑法是规定犯罪、刑事责任和刑罚的法律规范的总称。与其他法律部门相比，刑法具有两个显著特点：第一，刑法所调整的社会关系极其广泛。无论哪一方面的社会关系，只要发生了构成犯罪的行为，都受刑法的调整。第二，强制性最突出。所有法律都具有强制性，但刑法的强制性最为突出。刑法是保证其他法律有效实施的后盾。

(三)行政法

行政法是调整行政组织、职权，行使职权的方式、程序以及对行使行政职权的监督等行政关系的法律规范的总称，包括有关行政主体、行政行为、行政程序、行政监督以及国家公务员制度等方面的法律规范。行政法调整的是行政机关与行政相对人(自然人、法人和非法人组织)之间因行政管理活动而发生的法律关系，该种关系是一种纵向法律关系。行政机关与行政相对人之间的关系具有从属性、服从性的特点。行政行为由行政机关单方面依法作出，不需要与行政相对人平等协商。

(四)民商法

民商法是规范民事、商事活动的法律规范的总称。民法调整平等主体的自然人、法人和非法人组织之间的人身关系和财产关系，主要包括物权、债权、婚姻、家庭、收养、继承等方面的法律规范。商法是在适应现代商事活动需要的基础上，从民法中分离而逐渐发展起来的法律部门，主要包括公司、证券、破产、保险、票据、海商等领域的法律规范。根据全国人民代表大会对社会主义法律体系的划分，知识产权法律制度也被划入民商法部门。

(五)经济法

经济法是调整因国家从社会整体利益出发对经济活动实行干预、管理或调控所产生的社会经济关系的法律规范的总称。经济法在承认市场对资源配置起决定性作用的前提下，通过必要的国家干预手段以克服市场的自发性、滞后性、盲目性等缺陷。按照全国人民代表大会对社会主义法律体系划分的说明，税收法律制度、宏观调控和经济管理法律制度、维护市场秩序的法律制度、行业管理和产业促进法律制度、农业法律制度、自然资源法律制度、能源法律制度、产品质量法律制度、企业国有资产法律制度、金融监管法律制度、对外贸易和经济合作法律制度等内容都属于经济法部门。

(六)社会法

社会法是调整劳动关系、社会保障、社会福利和特殊群体权益保障等方面的法律规范的总称。社会法是在国家干预社会生活过程中发展起来的一个法律门类，包括两个方面：第一，有关劳动关系、劳动保障和社会保障等方面的法律，如《劳动法》《社会保险法》《工会法》等；第二，有关特殊社会群体权益保障方面的法律，如《未成年人权益保护法》《妇女权益保障法》《残疾人保障法》等。

(七)诉讼与非诉讼程序法

诉讼与非诉讼程序法是规范解决社会纠纷的诉讼活动与非诉讼活动的法律规范的总称。我国的诉讼制度分为刑事诉讼、民事诉讼和行政诉讼三种，分别针对三类诉讼活动进行规范。此外，我国还针对海事诉讼活动的特殊性，制定了《海事诉讼特别程序法》，作为对《民事诉讼法》的补充。为处理国与国之间的犯罪引渡问题，我国制定了《引渡法》，作为《刑事诉讼法》的补充。

非诉讼程序在纠纷解决中也占有重要地位。我国制定了《仲裁法》，作为有效解决民事经济纠纷、保护当事人合法权益的重要方式。《人民调解法》则将人民调解工作长期积累的经验做法上升为法律，从法律上完善人民调解制度，明确人民调解与其他纠纷解决机制的关系，加强对人民调解工作的支持和保障。《劳动争议调解仲裁法》和《农村土地承包经营纠纷调解仲裁法》，充分发挥调解和仲裁两个纠纷解决渠道的作用，明确规定了相关调解和仲裁的方式、程序，为及时化解纠纷、维护当事人合法权益提供了法律依据。

四、法的渊源

法的渊源表明法的效力来源，包括法的创制方式和法律规范的外部表现形式。法的渊源包括两个不可分割的要素：一是其与法的效力的直接联系；二是其表现为一定的法的形式。二者缺一不可。

一方面，法的渊源必然与法的效力相联系。"绝对无效性的情况是不在法律之内的。"[①]就是说，只有产生法的效力的法律文本或其他规范，才有可能成为法的渊源。这实

[①] 凯尔森．法与国家的一般理论[M]．沈宗灵，译．北京：中国大百科全书出版社，1996：182.

际上是立法或司法的必然要求。没有法律效力的法律规范只有两种情况：要么被实践中的其他规则所替代或者修正；要么因被废除或修改而失效，成为历史的法律文献。当然，法的效力的生成因素是多种多样的，如传统的影响、心理因素的促成和习惯势力的约束等，都可以保障法的效力的实现。但是最关键的因素是国家的强制力，没有国家的强制力为后盾，法是很难被适用和执行的。

另一方面，法的渊源必然要表现为一定的法的形式，即要求任何具有法律效力的规范性文件或非规范性文件，都必须以一定的法的形式表现出来。至于这些法律形式的具体名称，则因各国国情和文件等级的不同或效力范围的差异而有所不同。总之，法律文件的效力与形式是统一的，凡是具有法的效力的法律文本，都有一定的表现形式。存在于社会中的诸种规范，何者可以被称为具有法律效力的法律规范，是法律渊源要解决的问题。不同于英美法系国家，我国主要承继成文法传统，法律渊源主要表现为制定法，不包括判例法。具体而言，我国的法律渊源主要有：

（一）宪法

宪法是由全国人民代表大会依特别程序制定的具有最高效力的根本大法。宪法规定的是国家政治、经济和社会制度的基本原则，公民的基本权利和基本义务，国家机关的组织和活动原则等国家和社会中最基本、最重要的问题。宪法具有最高效力，一切法律、行政法规、地方性法规、自治条例和单行条例、规章都不得同宪法相抵触。广义的宪法不仅包括《中华人民共和国宪法》，还包括其他附属的宪法性文件，如《中华人民共和国选举法》《中华人民共和国香港特别行政区基本法》等。

（二）法律

法律是由全国人民代表大会及其常务委员会制定和修改的规范性法律文件的总称，在地位和效力上仅次于宪法，高于行政法规、地方性法规、规章。其中，全国人民代表大会制定和修改的，调整国家和社会生活中带有普遍性的社会关系的规范性法律文件，属于基本法律，如《中华人民共和国刑法》和《中华人民共和国民法典》（以下简称《民法典》）等。全国人民代表大会常务委员会制定和修改的，调整国家和社会生活中某一方面社会关系的规范性法律文件，属于一般法律，如《中华人民共和国公司法》《中华人民共和国证券法》等。在全国人民代表大会闭会期间，全国人民代表大会常务委员会可以对基本法律进行部分补充和修改，但是不得同该法律的基本原则相抵触。全国人民代表大会常务委员会负责解释法律，其作出的法律解释与法律具有同等效力。

（三）法规

法规包括行政法规和地方性法规。行政法规是作为国家行政机关的国务院在法定职权范围内为实施宪法和法律而制定的规范性法律文件。行政法规应当依据宪法和法律制定，其地位和效力仅次于宪法和法律。根据《中华人民共和国立法法》（以下简称《立法法》）第72条规定，行政法规可以就下列事项作出规定：（1）为执行法律的规定需要制定行政法规的事项；（2）宪法第89条规定的国务院行政管理职权的事项。《中华人民共和国市场主体登记管理条例》《证券公司监督管理条例》等属于行政法规。

地方性法规是有地方立法权的地方人民代表大会及其常委会就地方性事务以及根据本地区实际情况执行法律、行政法规的需要所制定的规范性法律文件的总称。地方性法规不得与宪法、法律和行政法规相抵触，地方性法规只在本辖区内适用。根据《立法法》第80条、第81条的规定，省、自治区、直辖市的人民代表大会及其常务委员会有权制定地方性法规；设区的市的人民代表大会及其常务委员会有权对城乡建设与管理、生态文明建设、历史文化保护、基层治理等方面的事项制定地方性法规；自治州的人民代表大会及其常务委员会也可依照关于设区的市的人民代表大会及其常务委员会的地方性法规制定权的规定行使地方性法规制定权。

（四）规章

规章包括部门规章和地方政府规章。部门规章是指国务院各部、各委员会、中国人民银行、审计署和具有行政管理职能的直属机构以及法律规定的机构根据法律和国务院的行政法规、决定、命令，在本部门的权限范围内制定的规章。如财政部发布的《企业会计准则——基本准则》、中国人民银行发布的《支付结算办法》、中国证监会发布的《上市公司信息披露管理办法》等。没有法律或者国务院的行政法规、决定、命令的依据，部门规章不得设定减损公民、法人和其他组织权利或者增加其义务的规范，不得增加本部门的权力或者减少本部门的法定职责。

地方政府规章是指有权制定规章的地方人民政府，依据法律、行政法规和本省、自治区、直辖市的地方性法规制定的规章。其中省、自治区、直辖市和设区的市、自治州的人民政府，可以就执行法律、行政法规、地方性法规的规定而需要制定规章的事项以及属于本行政区域的具体行政管理事项，制定地方政府规章。其中，设区的市、自治州的人民政府限于城乡建设与管理、生态环境保护、历史文化保护、基层治理等方面的事项制定地方政府规章。① 没有法律、行政法规、地方性法规的依据，地方政府规章不得设定减损公民、法人和其他组织权利或者增加其义务的规范。

(五)司法解释

司法解释是最高人民法院、最高人民检察院在总结司法审判经验的基础上发布的指导性文件和法律解释的总称，如最高人民法院发布的《关于适用〈中华人民共和国民法典〉时间效力的若干规定》《关于适用〈中华人民共和国民法典〉物权编的解释(一)》等。1981 年第五届全国人民代表大会常务委员会第十九次会议通过的《全国人民代表大会常务委员会关于加强法律解释工作的决议》第 2 条规定："凡属于法院审判工作中具体应用法律、法令的问题，由最高人民法院进行解释。凡属于检察院检察工作中具体应用法律、法令的问题，由最高人民检察院进行解释。最高人民法院和最高人民检察院的解释如果有原则性的分歧，报请全国人民代表大会常务委员会解释或决定。"

(六)国际条约和协定

国际条约和协定是指我国作为国际法主体同其他国家或地区缔结的双边、多边协议和其他具有条约、协定性质的文件，如我国为加入世界贸易组织与相关国家签订的协议、我国与有关国家签订的双边投资保护协定等。上述文件生效以后，对缔约国的国家机关、组织和公民就具有法律上的约束力，形成法律渊源。

第二节 法律的作用与价值

一、法在创业过程中的作用

创业是一个充满激情和机遇的过程，但同时也伴随着风险和挑战。在创业过程中，合法合规的经营是至关重要的，而法律则成为创业者不可或缺的指南，其不仅可以保护企业的财产权益，更重要的是，通过合规经营和合理利用法律工具，企业可以避免不必要的法律纠纷，从而节省时间和金钱。

---

① 《立法法》第 93 条规定："省、自治区、直辖市和设区的市、自治州的人民政府，可以根据法律、行政法规和本省、自治区、直辖市的地方性法规，制定规章。地方政府规章可以就下列事项作出规定：(一)为执行法律、行政法规、地方性法规的规定需要制定规章的事项；(二)属于本行政区域的具体行政管理事项。"

(一)法律为创业提供了秩序和保护

我国历次修宪一再确认了创业致富的合法性,并同时颁布了一系列法律法规以规范创业活动。在市场经济中,法律体系是保障商业活动公平、有序进行的基石。法律规定了企业所享有的权利和义务,确保各方遵守合同约定、维护贸易秩序,防止不正当竞争和商业欺诈行为。通过合规运营,创业者可以在一个公平竞争的环境中经营,获得合理的收益,同时也保障了消费者和其他利益相关方的合法权益,逐步推动我国创业活动的蓬勃发展。

(二)法律为创业提供了法律责任的界定

在创业过程中,哪怕只是设立一家规模很小的企业,创业者也可能会面临合同纠纷、知识产权侵权、劳动纠纷等各种复杂的法律问题。通过遵守相关法律规定和政策,创业者可以明确他们应当遵守的义务和承担的责任,并为自己的行为承担相应的法律义务和责任。创业活动的整个过程、各个方面都必须符合法律的规定,合法合规的经营活动不仅有助于维护企业声誉,降低法律风险,而且可以避免潜在的法律诉讼和罚款。①

(三)法律为创业提供了知识产权保护

在当今知识经济时代,知识产权对于高科技企业而言,是企业的核心竞争力,是企业的生命,创新和知识产权的保护对于提高企业的市场竞争力至关重要。我国已经建立起比较完善的知识产权保护体系,通过立法、司法、行政等途径实现对知识产权的有效保护,且我国已设立知识产权法院,将进一步加强知识产权司法保护,切实保护权利人的合法权益。通过专利、商标、著作权等法律手段,创业者可以保护他们的创新成果和品牌价值,防止其他人的侵权行为。这不仅有助于鼓励创新,促进科技进步,还可以为创业者带来商业利益。

(四)法律为创业提供了合规运营的指导

创业是一项高风险的事业,创业的风险来自很多方面,例如市场因素、行业竞争、人员素质、财务状况等,而法律风险也是其中之一。无论是税务、雇佣劳动还是环境保护等方面,法律都设定了一系列的规则和程序,以确保企业在经营过程中遵守相关法律和政策。法律风险是完全可以防范的,创业者了解并遵守这些规定,将企业经营中的各项活动

---

① 常亮,王硕. 创业必备法律知识及案例精解[M]. 北京:清华大学出版社,2022:58.

纳入法制轨道就能避免违法行为带来的潜在损失和风险，从而帮助企业平稳发展。此外，与政府、监管机构的良好合作可以为创业者提供更多的资源和支持，帮助他们在竞争激烈的市场中取得优势。

（五）法律为创业提供了纠纷解决的途径

创业纠纷的处理和解决需要运用法律手段，在创业的过程中，创业者、创业企业要与方方面面打交道，包括政府部门、其他创业者和企业、消费者等。在这些错综复杂的关系当中，矛盾和纠纷是难以避免的，一旦纠纷产生，在具体纠纷的解决过程中，创业者通过学习法律知识，可以了解自己的合法权益，在面临纠纷时才能守住自己的底线与合法领地，通过法律据理力争。在协商不成时，法律提供了诉讼和仲裁两种合法解决途径，创业者能通过这些合法途径及时、妥善解决纠纷，最大限度地保护自己的合法权益。[1]

二、法的价值追求与创业的关系

（一）法的价值追求

法的价值追求构成了法律制度所追求的社会目的，反映着法律制定和实施的宗旨，它是关于社会关系的理想状态是什么的权威性蓝图。凡是可以借助于法律上的权利、义务来加以保护和促进的美好事物，都可以被视为法的价值追求，例如，公平、正义、安全、自由、秩序、效率等。法的价值追求与人的需求和法所调整的社会关系直接联系在一起，所以法的价值追求应当顺应时代发展而不断与时俱进。

（二）创业活动以法的价值追求为指引

创业活动本质上是创业者对其所掌控或潜在可获取资源的优化配置与整合，旨在实现更高效的经济价值创造和社会价值提升。在此过程中，法律的价值追求不仅作为行动的指南针，而且提供了规范创业行为的必要框架。为了确保创业企业的稳定与可持续发展，遵循法律的价值追求显得尤为关键。

首先，创业者必须遵守现行法律法规和市场经济的基本规律，这不仅有助于明确其权利与义务，而且确保了通过合法途径解决可能出现的商业纠纷，从而维护市场经济秩序和社会秩序的稳定。其次，为了响应法律对效率的追求，创业者应积极优化资源配置，推动

---

① 叶虹，柴始青，占光胜. 大学生创业法律实务：第 3 版［M］. 北京：清华大学出版社，2021：3-4.

生产力的发展，同时在法律允许的范围内追求经济效益的最大化。

在市场竞争日趋激烈的背景下，创业者需要不断进行创新以适应市场的变化和需求。这种创新精神是实现法律所倡导的效率和进步的关键。此外，为了体现法律对公平价值的追求，创业者应坚持自主创业和公平竞争的原则。在商业实践中，遵守自愿、平等、公平和诚信的原则，以及法律规定和商业道德，不仅是对市场经济健康发展的贡献，也是保护创业者和消费者权益的基石，同时有助于塑造积极的品牌形象，增强消费者对品牌的认知，从而引导消费行为。

(三)法的价值追求推动创业活动的发展

法律的价值追求在维护社会秩序、提升效率、保障自由等方面发挥着核心作用，这些价值不仅为社会的稳定发展提供了基础，也为创业活动的繁荣提供了动力。

首先，法律对经济秩序的维护为创业活动提供了可预测性和稳定性。通过确立和执行财产所有权的保护、规范经济主体资格，以及对市场进行必要调控，法律确保了经济活动的有序进行。这种秩序的维护不仅为创业者提供了清晰的产权界定，还规范了市场秩序和经营行为，从而营造了一个有利于创业的市场环境。

其次，法律通过明确权利与义务的分配，激励创业者积极参与经济活动，从而提升社会效率。法律框架内的权威性规定，如知识产权的确认与保护，不仅激发了创业者的创新精神，还促进了科技的发展和生产力的提升。这种对效率的法律追求，通过保障创业者的物质利益和创新成果，鼓励了创业者在合法范围内追求经济效益的最大化。

最后，法律对自由的保障为创业者提供了广阔的发展空间。法律框架内对自由的保障，包括言论自由、合同自由等，为创业者提供了实现创新和商业计划的自由空间，不仅有助于创业者实现个人价值，也为社会经济的多元化和活力注入了动力。①

三、法律与道德的关系

(一)法律与道德的联系

法律与道德是相互联系的，法律是成文的道德，道德是内心的法律。它们都属于上层建筑，但法律属于政治上层建筑，道德属于思想上层建筑，都是为一定的经济基础服务的。它们是两种重要的人类社会调控手段，两者相辅相成、相互促进。

---

① 叶虹，柴始青，占光胜. 大学生创业法律实务：第 3 版[M]. 北京：清华大学出版社，2021：13-14.

道德是法律的评价标准和推动力量,是法律的有益补充。没有以道德作为支撑的法律,是一种"恶法",是无法获得人们发自真心的尊重和自觉遵守的。执法者的职业道德的提高,守法者的法律意识、道德观念的加强,都对法律的实施起着积极的促进作用。

法律是传播道德的有效手段。法律的实施,本身就是一个惩恶扬善的过程,不但有助于人们法律意识的形成,还有助于人们道德的培养;道德的践行也离不开法律约束,法律的实施对社会道德的形成和普及起了重大作用。

道德和法律在某些情况下会相互转化。一些道德随社会的发展,逐渐凸显出来,被认为对社会是非常重要的并有被经常违反的风险,立法者就有可能将之纳入法律的范畴。反之,某些过去曾被视为不道德的因而需用法律加以禁止的行为,也有可能退出法律领域而转为由道德调整。

法律与道德具有互补性,法律不是万能的,具有其固有的弱点和局限,这些弱点和局限需要道德给予辅助与补充。法安天下,德润人心。法律的有效实施依赖于道德支持,道德践行也离不开法律约束。法治和德治不可分离、不可偏废,国家治理需要法律和道德协同发力。法律是准绳,任何时候都必须遵守;道德是基石,任何时候都不可忽视。

(二)法律与道德的区别

调整的对象不同。法调整的是人们的外部行为,即意志的外在表现,因为法的首要任务是要建立一种外在秩序。道德则不同,它同时要求人们的外部行为和内在动机都符合道德准则。它对人们提出并要求解决的不仅是举止行动,还包括动机和世界观问题,而且更注重后者。

表现形式不同。法律是以"国家意志"形式出现的,表现在政权机关所制定的宪法、法律、法规、决议、条例、指示等规范性文件中,具有可预测性、结构完整性和国家完整性。道德则是以"群体共识意志"形式出现的,它有多种多样的表现形式,如医务道德、政治道德、商业道德、社会舆论、社会公约等。

调节人们行为的方式不同。法是通过为人们确定在社会生活中的权利和义务,通过建立法律关系来调节人们之间的关系,不仅能够调整个人行为,还能调整社会各阶级的关系,而且承担着巨大的政治、经济、文化的组织任务。而道德则主要是通过为人们指出在社会生活中的义务,在人们中间建立起以义务为纽带的道德关系而调整人们之间的关系。

(三)法治与德治

法律与道德、法治与德治的关系历来都是政治家、法学家关心的基本问题。在中国古代，儒家、法家两派围绕着德治(礼治)与法治进行长期论战。儒家主张："安上治民，莫善于礼。""人无礼则不生，事无礼则不成，国无礼则不宁。""道之以政，齐之以刑，民免而无耻。道之以德，齐之以礼，有耻且格。""阳为德，阴为刑，刑主杀而德主生。"而法家则主张："不务德而务法。""所谓仁义礼乐者，皆出于法。"尽管这一著名论战随着"隆礼重法""德主刑辅"成为封建国家的既定政策而消失在历史的深处，但两派思想的余脉，直到当代中国仍然存在。①

党的十八大以来，习近平法治思想作为全面依法治国的指导思想，强调了法治与德治相结合的重要性。习近平总书记指出，法律是成文的道德，道德是内心的法律，二者相辅相成，不可分离。在新的历史条件下，推进国家治理体系和治理能力现代化，必须坚持依法治国和以德治国相结合，使法治和德治在国家治理中相互补充、相互促进、相得益彰。②

依法治国属于政治文明范畴，是治理国家的主要方式；以德治国属于精神文明范畴，是思想建设的主要方式，主要是以德教民、以德化民、以德育人。这样，在立法、执法、司法、法律监督、法律解释等政治法律活动中，必须严格遵循法治的精神、原则和方法，不得以道德判断取代或冲击法治规则。而在相当广泛的政治社会领域和精神文明建设中，必须强调德治的精神、原则和方法，不能一味地用法律的强制手段解决思想道德问题，要注重弘扬和培育民族精神，提高全民族的思想道德素质。

第三节　习近平法治思想与全面依法治国基本方略

一、习近平法治思想的核心要义

习近平法治思想是顺应实现中华民族伟大复兴时代要求应运而生的重大理论创新成果，是马克思主义法治理论中国化最新成果，是习近平新时代中国特色社会主义思想的重要组成部分，是全面依法治国的根本遵循和行动指南。习近平法治思想高屋建瓴、视野宏阔、内涵丰富、论述深刻。其核心要义如下：

---

① 隆礼重法和德主刑辅是中华法系中的重要理念，体现了中华优秀传统法律文化的智慧。这些理念强调了礼与法相结合的重要性，以及在治理国家时，道德和法律各自扮演的角色。

② 2014年10月23日，习近平总书记在党的十八届四中全会第二次全体会议上的讲话中指出："必须坚持依法治国和以德治国相结合。法律是成文的道德，道德是内心的法律，法律和道德都具有规范社会行为、维护社会秩序的作用。治理国家、治理社会必须一手抓法治、一手抓德治，既重视发挥法律的规范作用，又重视发挥道德的教化作用，实现法律和道德相辅相成、法治和德治相得益彰。"

第一，坚持党对全面依法治国的领导。党的领导是推进全面依法治国的根本保证。

第二，坚持以人民为中心。全面依法治国最广泛、最深厚的基础是人民，必须坚持为了人民，依靠人民。要把体现人民利益、反映人民愿望、维护人民权益、增进人民福祉落实到全面依法治国各领域全过程，保证人民在党的领导下通过各种途径和形式管理国家事务、管理经济文化事业、管理社会事务，保证人民依法享有广泛的权利和自由、承担应尽的义务。

第三，坚持中国特色社会主义法治道路。中国特色社会主义法治道路本质上是中国特色社会主义道路在法治领域的具体体现。

第四，坚持依宪治国、依宪执政。宪法是国家的根本法，具有最高的法律效力。党领导人民制定宪法法律，领导人民实施宪法法律，党自身要在宪法法律范围内活动。

第五，坚持在法治轨道上推进国家治理体系和治理能力现代化。法治是国家治理体系和治理能力的重要依托。

第六，坚持建设中国特色社会主义法治体系。中国特色社会主义法治体系是推进全面依法治国的总抓手。

第七，坚持依法治国、依法执政、依法行政共同推进，法治国家、法治政府、法治社会一体建设。

第八，坚持全面推进科学立法、严格执法、公正司法、全民守法。

第九，坚持统筹推进国内法治和涉外法治。

第十，坚持建设德才兼备的高素质法治工作队伍。

第十一，坚持抓住领导干部这个"关键少数"。各级领导干部要坚决贯彻落实党中央关于全面依法治国的重大决策部署，带头尊崇法治、敬畏法律、了解法律、掌握法律，不断提高运用法治思维和法治方式深化改革、推动发展、化解矛盾、维护稳定、应对风险的能力，做尊法学法守法用法的模范。

二、全面依法治国基本方略

"匠万物者以绳墨为正，驭大国者以法理为本。"①全面依法治国是当代中国法治建设的主题和关键，对推进国家治理体系和治理能力现代化、全面建成小康社会、实现中华民族伟大复兴中国梦具有深远历史意义和重大现实意义。全面依法治国，是在深刻总结我国

---

①　出自于南朝梁萧子显《南齐书》，它的意思是制造万物的工匠以准绳弹出的墨线为标准，治理大国的人以法律作为根本。

社会主义法治建设成功经验和深刻教训基础上作出的重大抉择。

（一）依法治国方略的提出

中华人民共和国成立之后，我国法治建设有过曲折探索的经历。依法治国思想和依法治国方略，形成于对 1949 年以来我国法治问题上的颠覆性错误和沉痛教训的反思。改革开放后，1982 年《宪法》强化人民民主，强调法治原则，为形成中国特色社会主义法律体系奠定了宪法基础。1997 年，党的十五大报告明确提出"依法治国，建设社会主义法治国家"的治国基本方略，把建设社会主义法治国家作为国家建设和发展的重要目标之一。1999 年，"依法治国"写入宪法，获得了宪法确认，这标志着我国社会主义法治建设进入了一个新的发展阶段。党的十八大以来，党中央将依法治国提升至"全面推进依法治国"的新高度，并作出一系列重大决策，提出一系列全面依法治国新理念新思想新战略；中国特色社会主义法治体系不断健全，法治中国建设迈出坚实步伐，法治固根本、稳预期、利长远的保障作用进一步发挥，党运用法治方式领导和治理国家的能力显著增强。

（二）全面依法治国战略的贯彻与执行

党的十八大以来，习近平总书记就"法治中国"建设作出了一系列重要批示和重要讲话。2014 年 10 月，十八届四中全会通过了《中共中央关于全面推进依法治国若干重大问题的决定》，中国共产党关于新时代中国特色社会主义的战略布局更加明晰，正式提出"全面建成小康社会""全面深化改革""全面依法治国"。至此，实现了从"依法治国"到"全面依法治国"的概念转换。

党的十九大报告提出，"成立中央全面依法治国领导小组，加强对法治中国建设的统一领导"。2018 年 3 月，中共中央印发《深化党和国家机构改革方案》，组建中央全面依法治国委员会，负责全面依法治国的顶层设计、总体布局、统筹协调、整体推进、督促落实，作为党中央决策议事协调机构。中央全面依法治国委员会的主要职责是，统筹协调全面依法治国工作，坚持依法治国、依法执政、依法行政共同推进，坚持法治国家、法治政府、法治社会一体建设，研究全面依法治国重大事项、重大问题，统筹推进科学立法、严格执法、公正司法、全民守法，协调推进中国特色社会主义法治体系和社会主义法治国家建设等。中央全面依法治国委员会办公室设在司法部。

贯彻落实全面依法治国各项工作必须以科学理论为指导。2020 年 11 月召开的中央全面依法治国工作会议，首次将习近平法治思想确定为全面依法治国的指导思想。2021 年

11 月，党的十九届六中全会通过《中共中央关于党的百年奋斗重大成就和历史经验的决议》(以下简称《决议》)。在中国共产党成立百年之际，总结党的百年奋斗重大成就和历史经验，《决议》指出："党中央强调，法治兴则国家兴，法治衰则国家乱；全面依法治国是中国特色社会主义的本质要求和重要保障，是国家治理的一场深刻革命；坚持依法治国首先要坚持依宪治国，坚持依法执政首先要坚持依宪执政。必须坚持中国特色社会主义法治道路，贯彻中国特色社会主义法治理论，坚持依法治国、依法执政、依法行政共同推进，坚持法治国家、法治政府、法治社会一体建设，全面增强全社会尊法学法守法用法意识和能力。"

2022 年 10 月，中国共产党第二十次全国代表大会胜利召开。党的二十大报告将"基本实现国家治理体系和治理能力现代化，全过程人民民主制度更加健全，基本建成法治国家、法治政府、法治社会"确定为到 2035 年我国发展的总体目标之一；并首次于第七部分专章论述"坚持全面依法治国，推进法治中国建设"。二十大报告强调，全面依法治国是国家治理的一场深刻革命，关系党执政兴国，关系人民幸福安康，关系党和国家长治久安。必须更好发挥法治固根本、稳预期、利长远的保障作用，在法治轨道上全面建设社会主义现代化国家。我们要坚持走中国特色社会主义法治道路，建设中国特色社会主义法治体系、建设社会主义法治国家，围绕保障和促进社会公平正义，坚持依法治国、依法执政、依法行政共同推进，坚持法治国家、法治政府、法治社会一体建设，全面推进科学立法、严格执法、公正司法、全民守法，全面推进国家各方面工作法治化。进而，党的二十大报告从以下四个方面提出重点要求：第一，完善以宪法为核心的中国特色社会主义法律体系；第二，扎实推进依法行政；第三，严格公正司法；第四，加快建设法治社会。

(三)全面依法治国的重大意义

全面依法治国基本方略的形成具有极为重大的意义。法治的价值在于固根本、稳预期、利长远。全面依法治国是坚持和发展中国特色社会主义的本质要求和重要保障，是实现国家治理体系和治理能力现代化的必然要求，是全面建设社会主义现代化国家、实现中华民族伟大复兴的中国梦的重要保证，是事关我们党执政兴国、人民幸福安康，实现党和国家长治久安的长远考虑，具有基础性、保障性作用。改革开放越深入越要强调法治。法治是最好的营商环境。坚持和完善法治，可以使各类市场主体的产权和合法权益受到平等保护；可以规范政府和市场的边界，尊重市场经济规律，通过市场化手段，在法治框架内调整各类市场主体的利益关系；可以强化企业合规意识，保障和服务高水平对外开放。

全面推进依法治国的总目标是建设中国特色社会主义法治体系、建设社会主义法治国家。这个总目标既明确了全面推进依法治国的性质和方向，又突出了全面推进依法治国的工作重点和总抓手，对全面推进依法治国具有纲举目张的意义。

三、全面推进依法治国的基本原则

党的十八届四中全会指出："全面推进依法治国，总目标是建设中国特色社会主义法治体系，建设社会主义法治国家。"为实现这个目标，必须坚持以下原则：

第一，必须坚持中国共产党的领导。党的领导是中国特色社会主义最本质的特征，是社会主义法治最根本的保证。全面推进依法治国，要有利于加强和改善党的领导，有利于巩固党的执政地位、完成党的执政使命，决不是要削弱党的领导。坚持党的领导，必须具体体现在党领导立法、保证执法、支持司法、带头守法上。

第二，必须坚持人民主体地位。必须坚持法治为了人民、依靠人民、造福人民、保护人民，以保障人民根本权益为出发点和落脚点，保证人民依法享有广泛的权利和自由，承担应尽的义务，维护社会公平正义。

第三，必须坚持法律面前人人平等。平等是社会主义法律的基本属性。任何组织和个人都必须尊重宪法法律权威，都必须在宪法法律范围内活动，都必须依照宪法法律行使权力或权利、履行职责或义务，都不得有超越宪法法律的特权。必须维护国家法制统一、尊严、权威，切实保证宪法法律有效实施，绝不允许任何人以任何借口、任何形式以言代法、以权压法、徇私枉法。必须以规范和约束公权力为重点，加大监督力度，做到有权必有责、用权受监督、违法必追究，坚决纠正有法不依、执法不严、违法不究行为。

第四，必须坚持依法治国和以德治国相结合。国家和社会治理需要法律和道德共同发挥作用。必须坚持一手抓法治、一手抓德治，大力弘扬社会主义核心价值观，弘扬中华传统美德，培育社会公德、职业道德、家庭美德、个人品德，既重视发挥法律的规范作用，又重视发挥道德的教化作用，以法治体现道德理念、强化法律对道德建设的促进作用，以道德滋养法治精神、强化道德对法治文化的支撑作用，实现法律和道德相辅相成、法治和德治相得益彰。

第五，必须坚持从中国实际出发。全面依法治国，必须从我国基本国情出发，同改革开放不断深化相适应，总结和运用党领导人民实行法治的成功经验，围绕社会主义法治建设重大理论和实践问题，推进法治理论创新，不断丰富和发展符合中国实际、具有中国特色、体现社会发展规律的社会主义法治理论，为依法治国提供理论指导和学理支撑。汲取中华法律文化精华，借鉴国外法治有益经验，但绝不照搬外国法治理念和模式。

第四节　基本法律制度

一、法律关系

人们在社会中结成的种种联系就是社会关系。在诸种社会关系中，根据法律规范进行调整而产生的社会关系，就是法律关系。法律关系是一个重要的法律概念，也是法律实务中最基本的分析工具。它解决的是何人对何种对象，享有何种权利、承担何种义务的问题。

(一)法律关系的概念和特征

法律关系是根据法律规范产生、以主体间的法律权利与法律义务为内容表现的特殊的社会关系。作为一类特殊的社会关系，法律关系具有以下三个特征：

1. 法律关系是以法律规范为基础的社会关系

法律关系是社会关系的一种，但并非所有的社会关系都属于法律关系。法律关系是以相应法律规范的存在为前提的，没有法律规范就不可能产生相应的法律关系。例如，某些社会关系领域，如友谊关系、爱情关系、政党或社会团体的内部关系等，通常不涉及法律调整，不存在相应的法律规范，所以也就不存在相应的法律关系。再如，有些社会关系领域虽然应该得到法律的调整，但由于种种原因，尚未形成有效的法律规范，法律调整缺乏法律依据，因此也不可能产生法律关系。

法律规范是抽象的、在一定范围内普遍适用的，而法律关系是对特定法律规范的具体化。法律规范规定的主体的权利义务只是一种可能性，是主体能做和应做的行为，并不是现实的行为；凡是出现法律规范所假定的事实，具有法律规范所规定的主体资格的人就依法享有具体权利并承担具体义务。

2. 法律关系是以权利义务为内容的社会关系

法律关系是特定主体之间的具体的权利义务关系。卡尔·拉伦茨说："法律关系，一般来说，从一个人看是他的'权利'，从另一个人看就是一种义务，或者说是一种法律上的约束。"①法律关系与其他社会关系的重要区别，就在于它是法律化的权利义务，是一种明

---

① 卡尔·拉伦茨．德国民法通论：上册[M]．王晓晔，等，译．北京：法律出版社，2003：348-349.

确的、特定的权利义务关系。这种权利和义务可以是由法律明确规定的，也可以是由法律授权当事人在法律规定的范围内自行约定的。

3. 法律关系是法律主体之间的社会关系

法律关系并非一般意义上的人与人之间的关系，而是法律意义上的主体之间的关系。如萨维尼所言："所有的具体法律关系都是通过法规则而界定的人与人之间的联系。"①即使有血有肉的自然人，如果并不是法律意义上的主体，如古代奴隶社会的奴隶，仍不可能与他人形成法律关系。相反，即使不是有血有肉的自然人，如果是法律意义上的主体，如由众多自然人结合而成的法人，也可以与他人形成法律关系。在现代社会，动物在一定意义上也可以成为法律主体，比如，有的国家承认宠物有继承主人遗产的权利，此时宠物就可以与人形成某种法律关系。

法律主体作为法律关系的能动性要素，往往决定着法律关系的形成和变动。相当多的法律规范都赋予了法律主体自由选择权，即由法律主体决定是否和其他法律主体建立某种法律关系，是否变更和其他法律主体形成的某种法律关系。例如，一个符合法定结婚条件的自然人可以自由地决定和什么样的自然人结婚，形成婚姻法律关系；同样，该自然人在结婚后有权决定是否同其配偶离婚，终止婚姻法律关系。

(二)法律关系的种类

由于法律所调整的社会关系的领域非常广泛，现实生活中的法律关系也相当多元化。为了便于识别与把握不同法律关系的性质和特征，我们可以按照不同的标准将法律关系分为不同种类。最常见的法律关系分类，是按照法律规范的性质将所形成的法律关系分为民事法律关系、刑事法律关系和行政法律关系等。此外，法律关系的常见分类还有：

1. 绝对法律关系和相对法律关系

根据法律关系的主体是单方确定还是双方确定，可以将法律关系分为绝对法律关系和相对法律关系。

绝对法律关系中的一方主体(权利人)是确定的、具体的；另一方主体(义务人)则是除了权利人以外的所有的人。绝对法律关系以"特定主体对其他一切主体"的形式表现出来，如物权法律关系、人身权法律关系等。

相对法律关系的主体，无论是权利人还是义务人，都是确定的。它以"特定主体对特

① 萨维尼. 当代罗马法体系：法律渊源·制定法解释·法律关系[M]. 朱虎，译. 北京：中国法制出版社，2010：263.

定主体"的形式表现出来，如债权法律关系。此外，在劳动法、行政法等领域的法律关系中大都也体现出相对法律关系的特点。

2. 调整性法律关系和保护性法律关系

按照法律关系产生的依据是合法行为还是违法行为、是否适用法律制裁，可以将法律关系分为调整性法律关系和保护性法律关系。

调整性法律关系是不需要适用法律制裁，主体权利就能够正常实现的法律关系。它建立在主体的合法行为基础上，是法的实现的正常形式。保护性法律关系是在主体的权利和义务不能正常实现的情况下，通过法律制裁而形成的法律关系。保护性法律关系是在违法行为的基础上产生的，是法的实现的非正常形式。刑事法律关系是最典型的保护性法律关系。保护性法律关系的一方主体是国家，另一方是违法者。国家拥有实施法律制裁的权力，违法者应当承担相应的法律责任。

3. 纵向法律关系和横向法律关系

按照法律主体在法律关系中的地位不同，可以分为纵向（隶属）法律关系和横向（平权）法律关系。纵向法律关系是指在不平等的法律主体之间建立的权力服从关系。其主要特点是：①法律主体处于不平等的地位。如亲权关系中的家长与子女、行政管理关系中的上级机关与下级机关，这些法律主体在法律地位上有管理与被管理、命令与服从、监督与被监督等方面的差别。②法律主体之间的权利与义务具有强制性，既不能随意转让，也不能任意放弃。与此不同，横向法律关系是指平等法律主体之间的权利义务关系。其特点在于，法律主体的地位是平等的，权利和义务的内容具有一定程度的任意性，如民事合同法律关系。

4. 双边法律关系和多边法律关系

这是根据法律关系主体数量的多少进行的分类。双边法律关系是指在特定的双方法律关系主体之间存在的权利义务关系，如债权债务关系。多边法律关系是指在三个或三个以上的法律关系主体之间存在的权利义务关系，如公司股东之间的关系。这种分类的意义在于可以更好地认识和处理法律关系中权利或义务的重叠或冲突，以便合理地确定各个主体的权利、义务及其界限。

(三)法律关系的基本构成

一般认为，法律关系由主体、客体和内容三部分构成，此三者也被称为法律关系的三要素。

1. 法律关系的主体

法律关系的主体，即法律关系的参加者，是指参加法律关系，依法享有权利和承担义务的当事人。在现实的法律关系中，享有权利的一方被称为权利人，承担义务的一方被称为义务人。在一个国家中，什么样的个人或组织能够成为法律关系的主体，取决于该国的法律规定。在不同的社会、不同的历史时期，法律关系主体的种类并不完全相同。例如，在奴隶社会中，奴隶被视为奴隶主的私有财产，不能成为政治法律关系和财产法律关系的主体。而在宗教社会中，上帝或神被作为某些法律关系的主体。

（1）法律关系主体的种类

从当代世界各国的情况来看，法律关系主体主要有四类：

自然人。自然人是指具有生命的、个体意义上的人。自然人既包括本国公民，也包括居住在一国境内或在境内活动的外国公民和无国籍人。

法人和非法人组织。法人是具有民事权利能力和民事行为能力，依法独立享有民事权利和承担民事义务的组织。《民法典》将法人分为营利法人、非营利法人和特别法人，其中营利法人是以取得利润并分配给股东等出资人为目的成立的法人，包括有限责任公司、股份有限公司和其他企业法人等；非营利法人是为公益目的或者其他非营利目的成立，不向出资人、设立人或者会员分配所取得利润的法人，包括事业单位、社会团体、基金会、社会服务机构等；特别法人包括特定的机关法人、农村集体经济组织法人、城镇农村的合作经济组织法人、基层群众性自治组织法人。非法人组织是不具有法人资格，但是能够依法以自己的名义从事民事活动的组织，包括个人独资企业、合伙企业、不具有法人资格的专业服务机构等。

国家。在特定情况下，国家可以作为一个整体成为法律关系的主体。例如，国家作为主权者是国际公法关系的主体，可以成为对外经济贸易关系中的债权人和债务人；在国内法中，国家可以直接以自己的名义参与国内法律关系（如发行国库券或成为国家所有权关系主体）。当然，大多数情况下，国家是以其机关或者授权的组织作为代表参加法律关系的。

（2）法律关系主体的资格

法律关系的主体必须同时具有法律上所说的权利能力和行为能力，这是成为法律关系主体的必备条件。

权利能力是指权利主体享有权利和承担义务的能力，它反映了权利主体取得权利和承担义务的资格。各种具体权利的产生必须以主体的权利能力为前提；同时，权利能力通常与国籍相联系，一个国家的所有公民都应具有权利能力。《民法典》第14条宣告："自然人的民事权利能力一律平等。"

《民法典》第 13 条规定，自然人从出生时起到死亡时止，具有民事权利能力，依法享有民事权利，承担民事义务。自然人按民事行为能力可以划分为以下三类：

①完全民事行为能力人。18 周岁以上的自然人为成年人。成年人为完全民事行为能力人，可以独立实施民事法律行为。16 周岁以上的未成年人，以自己的劳动收入为主要生活来源的，视为完全民事行为能力人。

②限制民事行为能力人。8 周岁以上的未成年人和不能完全辨认自己行为的成年人为限制民事行为能力人，实施民事法律行为由其法定代理人代理或者经其法定代理人同意、追认。但是前者可以独立实施纯获利益的民事法律行为或者与其年龄、智力相适应的民事法律行为，后者可以独立实施纯获利益的民事法律行为或者与其智力、精神健康状况相适应的民事法律行为。

③无民事行为能力人。不满 8 周岁的未成年人、不能辨认自己行为的成年人，以及 8 周岁以上的未成年人不能辨认自己行为的，为无民事行为能力人，由其法定代理人代理实施民事法律行为。

法人和社会组织作为法律关系的主体也应当具有权利能力和行为能力，但其权利能力和行为能力不同于自然人。例如，作为民事法律关系主体的法人，其权利能力从法人成立时产生，其行为能力伴随着权利能力的产生而同时产生；法人终止时，其权利能力和行为能力同时消灭。自然人的行为能力一般通过自身实现，而法人的行为能力则通过法定代表人或其他代理人来实现。

法律关系主体要自己参与法律活动，必须具备相应的行为能力。行为能力是指权利主体能够通过自己的行为取得权利和承担义务的能力。行为能力必须以权利能力为前提，无权利能力就谈不上行为能力。

2. 法律关系的客体

(1)法律关系客体的概念和特征

法律关系的客体，是指主体的意志和行为所指向、影响、作用的客观对象。客体是法律关系不可或缺的构成要素，是法律关系产生和存在的前提。缺少法律关系客体，法律关系主体的权利和义务就成为毫无意义的东西。法律关系的客体通常具有以下特征：

客观性。法律关系的客体应当是客观存在的事物，即独立于人的意识并能为人的意识所感知的事物。这里所说的客观存在的事物，不仅包括以一定物理形态存在的有形物，如土地、房屋、汽车，也包括不以物理形态存在但为社会成员普遍承认的无形物，如名誉、荣誉、知识。

有用性。客观存在的事物是纷繁复杂的，并非所有客观事物都是法律关系客体。只有对人有价值的事物，即能够满足人的物质需要或精神需要的事物，才能成为法律关系客体。

可控性。法律关系客体应当是人可以控制或利用之物。只有人能够控制的东西才适宜由法律调整，才能成为法律关系主体的权利和义务指向的对象。

法律性。首先，哪些事物可以成为法律关系的客体，通常由法律加以明确规定。其次，法律的变动会引起法律关系客体的变动。

（2）法律关系客体的种类

法律关系的客体多种多样，通常包括以下几类：

物。法律意义上的物是指法律关系主体支配的、在生产上和生活上所需要的客观实体。物既可以是自然物，如森林、土地等，也可以是人的劳动创造物，如建筑物、机器、各类产品等。广义上物的概念还包括财产的一般表现形式——货币及其他各种有价证券，如汇票、支票、股票、债券等。

行为。一定的行为结果可以满足权利人的利益和需要，可以成为法律关系的客体。行为包括作为和不作为，前者如旅客运输合同的客体是运送旅客的行为，后者如竞业禁止合同的客体是不从事相同或相似的经营或执业活动。

人格利益。人格利益是人身权法律关系的客体，也是诸多行政、刑事法律关系的客体。具体包括公民或组织享有的姓名权或者名称权，公民享有的生命权、身体权、肖像权、名誉权等。

智力成果。人类智力活动创造的成果，包括科学著作、文学艺术作品、专利、商标等，这些成果是人们脑力活动的产物，被称为智力成果。智力成果常成为知识产权法律关系的客体。

信息。作为法律关系客体的信息，是指有价值的情报或资讯，如矿产情报、产业情报、国家机密、商业秘密、个人隐私等。随着信息时代的到来，特别是互联网的扩展和数字技术的发展，信息在法律关系客体中的地位将愈加重要。

3. 法律关系的内容

法律关系的内容，即法律关系主体享有的权利和承担的义务。权利是法律允许权利人为了满足自己的利益可以作为或不作为，或者要求他人为一定行为或不为一定行为，并由他人的法律义务作为保证的资格。义务是法律规定的义务人应当按照权利人的要求为一定行为或不为一定行为，以满足权利人的利益的约束。权利和义务之间关系密切，没有无义务的权利，也没有无权利的义务；不能一方只享受权利不承担义务，另一方只承担义务不享受权利；权利是权利人的行为自由，因此权利可以行使也可以放弃，但权利的行使有一定的界限，不得滥用权利。

4. 法律关系的形成、变更和消灭

与任何事物一样，法律关系也有产生、发展和消灭的过程。引起法律关系变化的原因，是法律事实。所谓法律事实，是指法律规范所规定的，能够引起法律后果即法律关系形成、变更和消灭的客观现象。法律事实根据其是否以权利主体的意志为转移可以分为行为和事件两类。

（1）行为

行为是指以权利主体的意志为转移、能够引起法律后果的法律事实。根据人的行为是否属于表意行为，可以分为两类：

①法律行为，即以行为人的意思表示为要素的行为。行为人作出意思表示应当具有相应的行为能力。

②事实行为，即与表达法律效果、特定精神内容无关的行为，如创作行为、侵权行为等。由于事实行为通常与表意无关，因此事实行为构成通常不受行为人行为能力的影响。

（2）事件

事件是指与当事人意志无关，但能够引起法律关系形成、变更和消灭的客观情况。常见的有：

①人的出生与死亡。人的出生与死亡能够引起民事主体资格的产生和消灭，也可能导致人格权的产生和继承的开始等。

②自然灾害与意外事件。通常自然灾害可构成法律上的不可抗力，常成为免除法律责任或消灭法律关系的原因。意外事件可能导致风险或不利后果的法律分配，也可能成为某些法律关系的免责事由。

③时间的经过。时间的经过可引起一些请求权的发生或消灭。例如，在债权债务关系中，如果债权人超过诉讼时效期间未向债务人主张债权，那么债权将不再受法律保护。

二、基本民事法律行为制度

（一）民事法律行为理论

1. 民事法律行为的概念与特征

根据《民法典》第 133 条的规定，民事法律行为是指民事主体通过意思表示设立、变更或终止民事法律关系的行为。民事法律行为是法律关系变动的原因之一，是民法最重要的法律事实。当事人可以通过民事法律行为自主设立、变更或终止某种法律关系，实现自己追求的法律效果，因此，民事法律行为真正体现了意思自治精神。民事法律行为具有以下特征：

（1）以意思表示为要素

意思表示是指行为人将意欲达到某种预期法律后果的内在意思表现于外部的行为。如果行为人仅有内在意思而不表现于外，则不构成意思表示，民事法律行为不能成立；行为人表现于外的意思不是其内在意思的真实反映，则表明该意思表示有瑕疵，民事法律行为的效力同样受到影响。意思表示是民事法律行为的核心，也是民事法律行为与非表意行为相区别的重要标志。

（2）以设立、变更或终止权利义务为目的

民事法律行为是有目的的行为，是当事人欲达到一定法律效果的行为。此处"目的"仅指当事人实施民事法律行为所追求的法律后果，不包括行为人实施行为的动机。这一特征使得民事法律行为区别于其他法律事实，如侵权行为。侵权行为虽然也产生一定的法律后果，但这个法律后果并非由当事人自己主张，而是由法律规定的。

（3）能产生当事人预期的法律效果

民事法律行为作为引起法律关系变动的原因，不仅导致民事法律关系的产生，而且可以成为民事法律关系变更和终止的原因。民事法律行为不仅产生私法上的效果，而且能够产生当事人所预期的法律效果，因此，民事法律行为是民事主体私法自治的重要工具。

2. 民事法律行为的分类

民事法律行为可以从不同角度作不同的分类。

（1）单方民事法律行为、双方民事法律行为和多方民事法律行为

《民法典》第134条规定，民事法律行为可以基于双方或者多方的意思表示一致成立，也可以基于单方的意思表示成立。单方民事法律行为是根据一方当事人的意思表示而成立的民事法律行为。该民事法律行为仅有一方当事人的意思表示而无须他方的同意即可发生法律效力，如撤销权的行使、解除权的行使、效力待定行为的追认、债务的免除等。双方民事法律行为是指因两个当事人之间意思表示一致而成立的民事法律行为。多方民事法律行为是三个以上的当事人意思表示一致而成立的民事法律行为。双方民事法律行为或者多方民事法律行为要求当事人有两个以上，不仅各自需要进行意思表示，而且意思表示还需一致，如合同、决议等。合同行为是常见的双方民事法律行为，决议则是典型的多方民事法律行为。决议是指多个主体依据表决规则作出的决定。作为一种重要的多方民事法律行为，决议在性质上与合同行为存在区别：决议当事人的意思表示可以多数决的方式作出，而且对没有表示同意的成员也具有拘束力；决议中的意思表示不仅对发出表示的成员有拘束力，而且对表示者共同代表的法人有拘束力。

（2）有偿民事法律行为和无偿民事法律行为

有偿民事法律行为是指当事人互为给付一定代价（包括金钱、财产、劳务）的民事法律行为，如买卖合同的买方为获得对方的货物而支付价款、承揽合同的承揽人为获得对方的

报酬而提供劳务等。无偿民事法律行为是指一方当事人承担给付一定代价的义务，而他方当事人不承担相应给付义务的民事法律行为，如赠与行为、无偿委托、无偿消费借贷等。

区分有偿民事法律行为与无偿民事法律行为的意义在于：①确定行为性质。法律规定某些民事法律行为必须是有偿的或者无偿的。如买卖必须是有偿的，而赠与则必须是无偿的，对此当事人不能自己约定。②认定行为效力。有偿民事法律行为显失公平时，受损害方有权请求撤销该行为；而无偿民事法律行为则不存在显失公平的问题。③确定行为人的责任。一般来说，有偿民事法律行为的民事责任要重于无偿民事法律行为。如买卖合同中的出卖人应当对买卖标的物的瑕疵承担违约责任；而赠与合同中的赠与人原则上不对赠与物的瑕疵承担责任。④主张撤销权。如果是有偿民事法律行为，只有在债务人的相对人知道或应当知道的情况下，债权人才可以主张《民法典》第539条的撤销权；如果是无偿民事法律行为，则不用考虑当事人的主观意图就可以主张《民法典》第538条的撤销权。

（3）负担行为和处分行为

根据法律行为效果的不同，可以将法律行为分为负担行为和处分行为。负担行为是使一方相对于他方承担一定给付义务的法律行为。这种给付义务既可以是作为，也可以是不作为。因此负担行为产生的是债法上的法律效果，其中负有给付义务的主体是债务人。处分行为是直接导致权利发生变动的法律行为。物权行为就是典型的处分行为。

区分两者的意义在于：负担行为中的权利人可以享有要求履行的请求权，义务人的履行行为是请求权实现的重要前提；处分行为则直接使权利发生变动，并不需要义务人积极履行给付义务。

（4）要式民事法律行为和不要式民事法律行为

要式民事法律行为是指法律规定必须采取一定的形式或者履行一定的程序才能成立的民事法律行为，如票据行为就是法定要式民事法律行为。不要式民事法律行为是指法律不要求采取特定形式，当事人自由选择形式即可成立的民事法律行为。该类民事法律行为的形式可由当事人协商确定。区分要式民事法律行为和不要式民事法律行为的意义在于：不要式民事法律行为可以由当事人自由选择民事法律行为的形式；要式民事法律行为要求当事人必须采取法定形式，否则民事法律行为不能成立。

（5）主民事法律行为和从民事法律行为

主民事法律行为是指不需要有其他民事法律行为的存在就可以独立成立的民事法律行为。从民事法律行为是指从属于其他民事法律行为而存在的民事法律行为。如当事人之间订立一项借贷合同，为保证该合同的履行，又订立一项担保合同，其中，借贷合同是主合同，担保合同为从合同。从民事法律行为的效力依附于主民事法律行为：主民事法律行为不成立，从民事法律行为则不能成立；主民事法律行为无效，则从民事法律行为亦当然不能生效。但是，主民事法律行为履行完毕，并不必然导致从民事法律行为效力的丧失。

区分主民事法律行为和从民事法律行为的意义在于：从民事法律行为的存废由主民事法律行为决定，主民事法律行为不存在，从民事法律行为也就不能存在。

(6)财产行为和身份行为

财产行为是以发生财产上的法律效果为目的的行为，此类行为的后果通常是在当事人之间发生财产关系的变动。例如，当事人之间订立买卖合同、赠与合同、租赁合同等行为，即属于财产行为。身份行为是以发生身份上的法律效果为目的的民事法律行为，此类行为通常在当事人之间发生身份关系的变动。例如，当事人之间订立收养协议的行为，在具备其他法定条件后，将依法在当事人之间产生收养关系，该行为即属于身份行为。从我国《民法典》各分编的规定来看，财产行为主要适用物权编、合同编的规则，而身份行为主要适用婚姻家庭编的规则。

同时，从我国《民法典》的规定来看，其对财产行为设置的限制通常较少，而对身份行为而言，法律通常设置了较多的限制性条件，如办理离婚登记、向婚姻登记机关申请发给结婚证等行为，需要当事人亲自实施，而不得由他人代理。

(7)诺成性行为和实践性行为

诺成性行为是指当事人一方的意思表示一旦经对方同意即能产生法律效果的法律行为，即"一诺即成"的行为；实践性行为又称要物法律行为，是指除当事人双方意思表示一致以外，尚需交付标的物才能成立的法律行为。

诺成性行为和实践性行为的主要区别在于，二者的成立与生效时间是不同的。诺成性行为自双方当事人意思表示一致(即达成合意)时即告成立；而对实践性行为而言，在当事人达成合意之后，还必须由当事人交付标的物，该法律行为才能成立。诺成性行为和实践性行为的确定，通常应根据法律的规定及交易习惯。

(二)意思表示

1. 意思表示的概念和特征

民事法律行为以意思表示为核心，因此，认识民事法律行为必须以意思表示为切入点。意思表示包括意思和表示两个方面。意思主要是指当事人欲使其内心意思发生法律上效力的效果意思。表示是指行为人将其内在的效果意思以一定方式表现于外部，为行为相对人所了解。

意思表示具有如下特征：一是意思表示的表意人具有旨在使法律关系发生变动的意图，该意图不违反法律的强制性规定和公序良俗，因而发生当事人预期的效力；二是意思表示是一个意思由内到外的表示过程，单纯地停留在内心的主观意思是没有法律意义的；

三是依据意思表示是否符合相应的生效要件，法律赋予其不同的效力，即符合法定生效要件的意思表示可以发生当事人预期的法律效果，而不符合法定生效要件的意思表示发生的法律效果可能与当事人的内心意思不尽一致。

2. 意思表示的类型

（1）有相对人的意思表示与无相对人的意思表示

意思表示可以分为无相对人的意思表示和有相对人的意思表示。无相对人的意思表示不存在意思表示所针对的相对人，如遗嘱行为、抛弃动产等单方民事法律行为。值得注意的是，并非所有单方行为都是无相对人的意思表示，如撤销权的行使、法定代理人的追认等单方行为，也是有相对人的意思表示。

（2）以对话方式作出的意思表示与以非对话方式作出的意思表示

有相对人的意思表示又分为以对话方式作出的意思表示和以非对话方式作出的意思表示。以对话方式作出的意思表示，相对人知道其内容时生效。以非对话方式作出的意思表示，到达相对人时生效。如订立合同过程中的要约和承诺、债务免除、授予代理权、合同解除等意思表示，均采取到达主义。《民法典》第 484 条第 2 款规定的"承诺不需要通知的，根据交易习惯或者要约的要求作出承诺的行为时生效"则属于例外情况，即双方根据交易习惯或要约要求以行为方式作出承诺的，虽未有相对人的意思表示，却是在行为作出时生效。以非对话方式作出的采用数据电文形式的意思表示，相对人指定特定系统接收数据电文的，该数据电文进入该特定系统时生效；未指定特定系统的，相对人知道或者应当知道该数据电文进入其系统时生效。当事人对采用数据电文形式的意思表示的生效时间另有约定的，按照其约定。以公告方式作出的意思表示，公告发布时生效。

（3）明示意思表示与默示意思表示

意思表示可以明示或者默示。沉默只有在有法律规定、当事人约定或者符合当事人之间的交易习惯时，才可以视为意思表示。如《民法典》第 1124 条规定，继承开始后，继承人放弃继承的，应当在遗产处理前，以书面形式作出放弃继承的表示；没有表示的，视为接受继承。此处"没有表示的"就属于法定沉默，亦能产生意思表示的效果，即"接受继承"。

3. 意思表示的效果

（1）意思表示的拘束力

意思表示的拘束力，是指意思表示一旦发出，即具有一定的法律约束力。这种拘束力针对意思表示的发出者和受领人双方。一方面，对意思表示的发出者来说，其不得随意撤销已经发出的意思表示，否则，对因此造成的他人损害，要承担信赖利益的损害赔偿责任；另一方面，对于受领人而言，如果该意思表示规定了有效的存续期间，受领人通常要在该存续期间作出是否接受的意思表示。

（2）意思表示的撤回与撤销

意思表示的撤回，就是指意思表示在发出以后、到达意思表示的受领人之前，表意人将其意思表示撤回。《民法典》第 141 条规定："行为人可以撤回意思表示。撤回意思表示的通知应当在意思表示到达相对人前或者与意思表示同时到达相对人。"依据该规定，行为人要撤回意思表示，其撤回意思表示的通知必须先于意思表示到达相对人，或者与意思表示同时到达相对人，否则不产生撤回意思表示的效力。

意思表示的撤销，是指意思表示在发出并生效以后，表意人又撤销其意思表示。意思表示的撤销不同于意思表示的撤回，两者的作用不同：意思表示的撤回使意思表示不发生效力，而意思表示的撤销则使已经生效的意思表示失去效力。

（3）意思表示的解释

意思表示存在解释问题，是指在意思表示不清楚、不明确而发生争议的情况下，法院或仲裁机构对意思表示进行的解释。意思表示解释的主体是法院和仲裁机构，并非任何机构都可以对意思表示进行解释。并且，必须是在当事人对意思表示不发生争议时，才有必要进行解释。

根据《民法典》第 142 条规定，有相对人的意思表示的解释，有其相应的规则：

①对词句应当按照通常的理解进行解释。对词句应当按照通常的理解进行解释，是指在当事人就意思表示所使用的词句发生争议以后，对于词句本身，应按照一个合理人的标准进行解释。依据《民法典》第 142 条第 1 款的规定，对词句按照通常的理解进行解释，这是意思表示解释的首要方法。

②整体解释。整体解释又被称为体系解释，是指将表达当事人意思的各项合同条款、信件、文件等作为一个完整的整体，根据各方面的相互关联性、争议条款与当事人真实意思表示的关系等因素，确定所争议的意思表示的含义。《民法典》第 142 条规定要求"结合相关条款"进行解释，可以认为确立了整体解释规则。

③目的解释。目的解释是指在对意思表示进行解释时，应当根据当事人从事该民事行为所追求的目的，对有争议的意思表示进行解释。《民法典》第 142 条要求从行为的性质和目的进行解释，这实际上也确立了目的解释规则。按照目的解释规则，如果有关文本中使用的文字的含义与当事人所明确表达的目的相违背，而当事人双方对该条文又发生了争议，在此情况下，不必完全拘泥于文字，可以按照当事人行为的目的进行解释。

④习惯解释。习惯解释是指在对意思表示的含义发生争议以后，应当根据当事人所知悉或实践的生活和交易习惯来对意思表示进行解释。《民法典》第 142 条规定了意思表示的解释应当考虑习惯，这就确立了习惯解释的规则。

⑤依据诚信原则解释。依据诚信原则解释，是指在意思表示发生争议以后，应当根据

诚信原则填补有关意思表示的漏洞，对有争议的意思表示进行解释。《民法典》第 142 条规定意思表示的解释应当按照诚信原则进行，因此，依据诚信原则解释也是意思表示解释的重要方法。

（三）民事法律行为的成立和生效

1. 民事法律行为的成立

民事法律行为要产生法律效力，首先应当符合民事法律行为的构成要素，即必须具有当事人、意思表示、标的三个要素。一些特别的民事法律行为，除了上述三个要素以外，还必须具备其他特殊事实要素，如实践性民事法律行为的成立还必须有标的物的交付。

2. 民事法律行为的生效

民事法律行为的生效，是指已经成立的民事法律行为因为符合法律规定的有效要件而取得法律认可的效力。民事法律行为的成立和生效是两个不同的概念。民事法律行为的成立是民事法律行为生效的前提；民事法律行为未成立，当然也谈不上生效。在大多数情况下，民事法律行为成立和生效是一致的，即在民事法律行为成立时即具有法律效力。

民事法律行为生效，应当具备一定的条件，即民事法律行为的有效要件。民事法律行为的有效要件包括实质要件和形式要件。

（1）民事法律行为有效的实质要件

①行为人具有相应的民事行为能力。行为人实施的民事法律行为是合法行为，必然产生权利义务关系，进而产生相应的法律后果，因此，民事法律行为的行为人必须具有预见其行为性质和后果的相应的民事行为能力。就自然人而言，完全民事行为能力人能够独立实施民事法律行为，取得民事权利，履行民事义务；限制民事行为能力人只能从事与其年龄和智力程度相当的民事法律行为，其他民事法律行为由其法定代理人代理，或者征得法定代理人同意下独立实施；无民事行为能力人不能独立实施民事法律行为，必须由其法定代理人代理。

法人的民事行为能力是由法人核准登记的经营范围所决定的。但从维护相对人的利益和促进交易的角度出发，原则上认定法人超越经营范围从事的民事法律行为有效。《民法典》第 505 条规定，当事人超越经营范围订立的合同的效力，不得仅以超越经营范围为由确认合同无效。

②行为人的意思表示真实。意思表示真实是指行为人在自觉、自愿的基础上作出符合其内在意志的表示行为。意思表示不真实的民事法律行为，可以撤销或宣告无效。意思表示真实包括两个方面：意思表示自愿，任何人不得强迫；行为人内在的效果意思和外在的表示一致。

③不违反法律、行政法规的强制性规定，不违背公序良俗。这是指意思表示的内容不得与法律的强制性或禁止性规范相抵触，也不得滥用法律的授权性或任意性规定规避强制性或禁止性规范。

（2）民事法律行为有效的形式要件

这是指意思表示的形式必须符合法律的规定。《民法典》第135条规定："民事法律行为可以采用书面形式、口头形式或者其他形式；法律、行政法规规定或者当事人约定采用特定形式的，应当采用特定形式。"如果行为人进行某项特定的民事法律行为时，未采用法律规定的特定形式，则不能产生法律效力。民事法律行为的形式主要有以下几种：①口头形式，指用谈话的方式进行意思表示，如当面交谈、电话交谈等。②书面形式，指用书面文字进行的意思表示，数据电文（包括电报、电传、传真、电子数据交换和电子邮件等）属于书面形式的一种。③推定形式，指当事人并不直接用口头形式或书面形式进行意思表示，而是通过实施某种积极的行为，使得他人可以推定其意思表示的形式。如在超市购物，向售货员交付货币的行为就可推定为行为人具有购买物品的意思。④沉默形式，指行为人没有以积极的作为进行表示，而是以消极的不作为代替意思表示的形式。根据《民法典》第140条第2款的规定，沉默只有在有法律规定、当事人约定或者符合当事人之间的交易习惯时，才可以视为意思表示。如《民法典》第145条第2款第2句、第171条第2款第2句"未作表示的，视为拒绝追认"之规定，即属具有意思表示效力的法定沉默。由于纯粹的沉默产生的意思是模糊的，容易产生歧义，因此只有法律有明文规定、当事人约定或者符合当事人之间的交易习惯时，才可以将行为人的沉默作为意思表示的一种形式，产生相应的法律后果。

（四）民事法律行为的附条件和附期限

1. 附条件的民事法律行为

附条件的民事法律行为是指在民事法律行为中规定一定条件，并且把该条件的成就与否作为民事法律行为效力发生或者消灭根据的民事法律行为。并非所有的民事法律行为都可以附条件，根据相关法律规定，下列民事法律行为不得附条件：①条件与行为性质相违背的，如《民法典》第568条第2款规定，法定抵销不得附条件；②条件违背社会公共利益或社会公德的，如结婚、离婚等身份性民事法律行为，原则上不得附条件。

（1）条件的特征

民事法律行为所附条件，既可以是自然现象、事件，也可以是人的行为。但它应当具备下列特征：①必须是将来发生的事实。作为条件的事实，必须是在进行民事法律行为时尚未发生的。过去的事实，不得作为条件。②必须是将来不确定的事实。该事实是否发生应当是不确定的，如果在民事法律行为成立时，该事实是将来必然发生的，则该事实应当作为民事法律行为的期限而非条件。③条件应当是双方当事人约定的。民事法律行为中所附条件，须是双方当事人约定，并以意思表示的形式表现出来。条件如果是法律规定的，如民事法律行为的成立条件、生效条件，不属于此处所谓的"条件"。④条件必须合法。条件不得违反现行法律的规定。⑤条件是可能发生的事实。民事法律行为所附条件不可能发生，当事人约定为生效条件的，应当认定民事法律行为不发生效力。比如，当事人约定"如果黄河之水倒流，委托合同就生效"的，委托合同自始确定无效。所附条件不可能发生，当事人约定为解除条件的，应当认定未附条件，民事法律行为是否失效，依照《民法典》和相关法律、行政法规的规定认定。比如当事人约定"如果地球停止自转，房屋买卖合同就解除"的，实为未附解除条件。除非发生法定或者约定的解除事由，房屋买卖合同不失效。

（2）条件的分类

按照所附条件对民事法律行为产生的效力的不同，可以对民事法律行为所附的条件作出如下区分：

①生效条件和解除条件。根据条件对于民事法律行为本身所起的作用，条件可分为生效条件和解除条件。生效条件又称为停止条件或延缓条件，是指限制民事法律行为效力发生的条件。《民法典》第158条规定，附生效条件的民事法律行为，自条件成就时生效。在附停止条件的民事法律行为中，民事法律行为虽然已经成立，但暂时停止发生效力。解除条件又被称为消灭条件，是指限制民事法律行为效力消灭的条件。《民法典》第158条规定，附解除条件的民事法律行为，自条件成就时失效。在解除条件成就以后，民事法律行为所确定的权利义务消灭，恢复到以前的法律状态；在条件成就以前，民事法律行为继续有效；如果条件确定不成就，则该民事法律行为一直有效。

②积极条件和消极条件。根据条件的成就是否会发生某种事实，条件可分为积极条件和消极条件。积极条件是指以某种事实的发生为内容的条件。在附积极条件的民事法律行为中，作为条件的事实未发生，视为条件未成就；作为条件的事实已经发生，则视为条件已成就。消极条件是指以某种事实的不发生为内容的条件。在附消极条件的民事法律行为中，作为条件的事实不发生，视为条件成就；作为条件的事实已发生，则视为条件未成就。

③偶成条件、随意条件和混合条件。根据条件成就的原因，条件可分为三类：一是偶成条件，是指条件的成就与当事人的意思无关，纯粹由偶然性的客观事实决定；二是随意条件，是指条件的成就由一方当事人的意思决定；三是混合条件，是指条件的成就与否依赖于当事人与第三人的意思。

（3）附条件民事法律行为的效力

附条件的民事法律行为一旦成立，则已经在当事人之间产生了法律关系，当事人各方均应受该法律关系的约束。因此，在条件成就与否未得到确定之前，行为人一方不得损害另一方将来条件成就时可能得到的利益。条件成就与否未定之前，行为人也不得为了自己的利益，以不正当行为促成或阻止条件成就。《民法典》第159条规定，当事人为自己的利益不正当地阻止条件成就的，视为条件已成就；不正当地促成条件成就的，视为条件不成就。

附条件的民事法律行为成立以后，就已经在当事人之间产生了法律拘束力。

此种附条件的民事法律行为的拘束力表现在：

第一，民事法律行为已经产生形式上的拘束力。任何一方当事人都不得单方予以撤回或单方随意变更。在附条件的民事法律行为成立以后，即便当事人已经丧失行为能力、丧失对标的物的处分权等，该附条件民事法律行为的效力也不受影响，仍因条件的成就使民事法律行为的效力发生或消灭。

第二，在附条件的民事法律行为成立以后、条件成就以前，当事人均不得为了自己的利益，以不正当的行为促成或阻止条件的成就。依据《民法典》第159条的规定，如果当事人为自己的利益不正当地阻止条件成就的，视为条件已成就；如果当事人不正当地促成条件成就的，视为条件不成就。法律作出此种规定的目的在于制裁不法行为人，保护善意当事人的合法权益。

第三，期待权的保护。在条件成就或者不成就之前，附条件的民事法律行为处于效力不确定的状态。对期待权的侵害，可表现为如下情况：一是附条件民事法律行为的当事人一方对相对人期待权的侵害；二是第三人对当事人期待权的侵害。期待权属于侵权责任保护的客体，第三人侵害当事人的期待权，如符合侵权行为的构成要件，应负损害赔偿责任。

2. 附期限的民事法律行为

附期限的民事法律行为，指当事人设定一定的期限，并将期限的到来作为效力发生或消灭前提的民事法律行为。根据期限对民事法律行为效力所起作用的不同，可以将其分为延缓期限和解除期限。附延缓期限的民事法律行为，指民事法律行为虽然已经成立，但是在所附期限到来之前不发生效力，待到期限届至时，才产生法律效力。因此延缓期限也称"始期"。附解除期限的民事法律行为，指民事法律行为在约定的期限到来时，该行为所确定的法律效力消灭。因此解除期限也称"终期"。

附条件的民事法律行为与附期限的民事法律行为的区别在于：附条件的民事法律行为是以未来不确定的事实作为民事法律行为效力产生或消灭的依据，所以该民事法律行为效力的产生或消灭具有不确定性；而附期限的民事法律行为是以一定期限的到来作为民事法律行为效力产生或消灭的依据，由于期限的到来是一个必然发生的事件，所以附期限的民事法律行为的效力的产生或消灭是确定的、可预知的。

(五)民事法律行为的效力瑕疵

1. 无效民事法律行为

(1)无效民事法律行为概述

无效民事法律行为是指因欠缺民事法律行为的有效条件，不发生当事人预期法律后果的民事法律行为。无效民事法律行为的特征包括：①自始无效。从行为开始时起就没有法律约束力。②当然无效。不论当事人是否主张，是否知道，也不论是否经过人民法院或者仲裁机构确认，该民事法律行为当然无效。③绝对无效。绝对不发生法律效力，不能通过当事人的行为进行补正。当事人通过一定行为消除无效原因，使之有效，这不是无效民事法律行为的补正，而是消灭旧的民事法律行为，成立新的民事法律行为。无效民事法律行为有全部无效和部分无效的区别。

(2)无效民事法律行为的种类

根据《民法典》，无效民事法律行为包括以下种类：

①无民事行为能力人独立实施的民事法律行为无效。无民事行为能力人不能正确认识其行为的法律意义，依法不能进行民事活动，只能由其法定代理人代理。

②以虚假意思表示实施的民事法律行为无效。行为人与相对人以虚假的意思表示实施的民事法律行为无效。行为人如果以虚假的意思表示隐藏另外一个民事法律行为，被隐藏的民事法律行为的效力，依照有关法律规定处理。

③恶意串通损害他人合法权益的民事法律行为无效。恶意串通损害他人合法权益的民事法律行为，指行为人故意合谋实施的损害其他自然人、法人、非法人组织的合法权益的行为。这类民事法律行为的主要特征是当事人之间互相串通、互相配合，共同实施了违法行为。在恶意串通损害他人合法权益的民事法律行为中，当事人所表达的意思是真实的，但这种意思表示是非法的，因此是无效的。

④违反强制性规定或者公序良俗的民事法律行为无效。根据《民法典》第153条规定，违反法律、行政法规的强制性规定的民事法律行为无效，但是该强制性规定不导致该民事法律行为无效的除外。因此，并非违反法律的行为一律都是无效的。另外，违反公序良俗的民事法律行为亦无效。

2. 可撤销的民事法律行为

(1)可撤销的民事法律行为概述

可撤销的民事法律行为，是指依照法律规定，由于行为人的意思与表示不一致或者意思表示不自由，导致非真实的意思表示，可由当事人请求人民法院或者仲裁机构予以撤销的民事法律行为。

与无效民事法律行为相比较，可撤销的民事法律行为体现出以下特点：①行为成立后的效力不同。可撤销的民事法律行为在撤销前已经生效，在被撤销以前，其法律效果可以对抗除撤销权人以外的任何人。而无效的民事法律行为在法律上当然无效，从一开始即不发生法律效力。②主张权利的主体不同。可撤销的民事法律行为的撤销，应由撤销权人以撤销行为为之，人民法院不主动干预。无效民事法律行为在内容上具有明显的违法性，故对无效民事法律行为的确认，不以当事人的意志为转移，司法机关和仲裁机构可以在诉讼或仲裁过程中主动宣告其无效。③行为效果不同。可撤销的民事法律行为的撤销权人对权利行使拥有选择权，如果撤销权人未在规定的期限内行使撤销权，可撤销民事法律行为将终局有效，不得再被撤销。可撤销的民事法律行为一经撤销，其效力溯及至行为开始，即自行为开始时无效。而无效民事法律行为的后果则为自始无效、绝对无效。④行使时间不同。可撤销的民事法律行为其撤销权的行使有时间限制。而无效民事法律行为则不存在此种限制。

（2）可撤销民事法律行为的种类

①因重大误解而为的民事法律行为。所谓重大误解是指行为人对行为的性质、对方当事人或者标的物的品种、质量、规格、数量等产生错误认识，按照通常理解如果不发生该错误认识行为人就不会作出意思表示。所谓按照通常理解错误是重大的，是指从一个处在行为人地位的普通人立场来看，错误认识会对交易的成立产生重大影响。比如，将11.5万元误认为1.5万元，将二套房误认为首套房，将英文书误认为中文书，将铁矿石误认为铜矿石。但是，基于交易习惯不构成重大误解的除外。比如，在古玩市场上对花瓶年代、手镯材质、钱币真假等发生错误认识。

②受欺诈而为的民事法律行为。欺诈，指故意告知虚假情况，或者负有告知义务的人故意隐瞒真实情况，致使当事人基于错误认识作出意思表示。被欺诈的一方可以请求人民法院或者仲裁机构予以撤销。如果第三人实施欺诈行为，使一方在违背真实意思的情况下实施民事法律行为，对方知道或者应当知道该欺诈行为的，受欺诈方有权请求人民法院或者仲裁机构予以撤销。

③受胁迫而为的民事法律行为。受胁迫而为的民事法律行为，指以给自然人及其近亲属等的人身权利、财产权利以及其他合法权益造成损害或者以给法人、非法人组织的名誉、荣誉、财产权益等造成损害为要挟，迫使其基于恐惧心理作出意思表示。被胁迫的一方可以请求人民法院或者仲裁机构予以撤销。胁迫既可以来自民事法律行为的相对人，也

可以来自第三人，其法律效果一样，均导致民事法律行为的可撤销。

④显失公平的民事法律行为。显失公平的民事法律行为，是指一方利用对方处于危困状态、缺乏判断能力等情形，致使民事法律行为成立时当事人间的权利义务明显违反公平原则的民事法律行为。对民事法律行为是否显失公平进行判断的时间点，应当以民事法律行为成立的时间点为标准。在民事法律行为成立以后发生的情势变化，导致双方利益显失公平的，不属于显失公平的民事法律行为，而应当按照诚实信用原则处理。

（3）撤销权

撤销权是权利人以其单方的意思表示撤销已经成立的民事法律行为的权利。撤销权在性质上属于形成权，故依撤销权人的意思表示即可产生相应的法律效力，无须相对人同意。在可撤销的民事法律行为中，并非所有当事人均享有撤销权。在以欺诈、胁迫的手段，使对方在违背真实意思的情况下订立的合同，只有受损害方才有权撤销。撤销权应依法行使，由人民法院或仲裁机构作出。

撤销权有存续时间，该存续时间为除斥期间。根据《民法典》第152条的规定，有下列情形之一的，撤销权消灭：当事人自知道或者应当知道撤销事由之日起一年内、重大误解的当事人自知道或者应当知道撤销事由之日起九十日内没有行使撤销权；当事人受胁迫，自胁迫行为终止之日起一年内没有行使撤销权；当事人知道撤销事由后明确表示或者以自己的行为表明放弃撤销权。当事人自民事法律行为发生之日起五年内没有行使撤销权的，撤销权消灭。

3. 效力待定的民事法律行为

（1）效力待定民事法律行为的概述

效力待定的民事法律行为，是指民事法律行为成立时尚未生效，须经权利人追认才能生效的民事法律行为。追认的意思表示自到达相对人时生效。一旦追认，则民事法律行为自成立时起生效；如果权利人拒绝追认，则民事法律行为自成立时起无效。

（2）效力待定的民事法律行为的种类

效力待定的民事法律行为主要有以下几种类型：

①限制民事行为能力人依法不能独立实施的民事法律行为。《民法典》第19条规定，限制民事行为能力人实施的纯获利益的民事法律行为或者与其年龄、智力、精神健康状况相适应的民事法律行为有效；实施的其他民事法律行为经法定代理人同意或者追认后有效。故限制民事行为能力人依法不能独立实施的民事法律行为属于效力待定的民事法律行为。法定代理人的追认权性质上属于形成权。仅凭其单方面意思表示就可以使得效力待定的合同转化为有效合同。

法律在保护限制民事行为能力人合法权益的同时，为避免合同相对人的利益因为合同效力待定而受损,特别规定了相对人的催告权和善意相对人的撤销权。相对人可以催告法定代理人在三十日内予以追认。法定代理人未作表示的,视为拒绝追认。合同被追认之前,善意相对人有撤销的权利,撤销应当以通知的方式作出。其中的"善意"是指相对人在订立合同时不知道与其订立合同的人欠缺相应的行为能力。

②无权代理人实施的民事法律行为。根据《民法典》第171条的规定,行为人没有代理权、超越代理权或者代理权终止后,仍然实施代理行为,未经被代理人追认的,对被代理人不发生效力。相对人可以催告被代理人在三十日内予以追认。被代理人未作表示的,视为拒绝追认。被代理人已经开始履行民事法律行为中设定的义务的,视为对民事法律行为的追认。民事法律行为被追认之前,善意相对人有撤销的权利,撤销应当以通知的方式作出。行为人实施的行为未被追认的,善意相对人有权请求行为人履行债务或者就其受到的损害请求行为人赔偿,但是赔偿的范围不得超过被代理人追认时相对人所能获得的利益。相对人知道或者应当知道行为人无权代理的,相对人和行为人按照各自的过错承担责任。

(3)效力待定的民事法律行为的效果

效力待定的民事法律行为将产生如下法律效果:

一是追认权。所谓追认权,是指权利人对无缔约能力人、无代理权人与他人从事的有关民事法律行为依法享有的、是否在事后予以承认的权利。《民法典》第145条第1款和第171条第1款规定,效力待定的民事法律行为必须经过追认才能生效。

二是催告权。所谓催告权,是指相对人对法定代理人等提出催告,要求其作出是否承认相关效力待定行为的权利。依据《民法典》第145条第2款和第171条第2款规定,相对人享有催告权,即相对人可以催告法定代理人或者被代理人自收到催告通知之日起30日内予以追认。如果法定代理人或者被代理人未作表示时,视为拒绝追认。

三是撤销权。所谓撤销权,是指善意相对人享有的、对效力待定的民事法律行为予以撤销的权利。依据《民法典》第145条、第171条规定,如果相对人从事民事法律行为时出于善意,即对对方无相应民事行为能力、代理权的事实处于不知或不应知的状态,那么其在民事法律行为成立以后,依法享有撤销该民事法律行为的权利。善意相对人行使撤销权时,撤销应当以通知的方式作出。

4.民事法律行为被确认无效或被撤销的法律后果

可撤销民事法律行为在成立之时具有法律效力,对当事人有约束力。如果当事人行使撤销权,该民事法律行为因撤销而归于无效。一旦被撤销,其行为效果与无效民事法律行为的效果一样。民事法律行为存在部分无效情形,如果民事法律行为部分无效,不影响其他部分效力的,其他部分仍然有效。

根据法律规定,民事法律行为被确认为无效后和被撤销后,从行为开始时就没有法律效力。但是没有法律效力不等于没有法律后果产生。根据《民法典》第157条的规定，民事法律行为无效、被撤销或者确定不发生效力后，行为人因该行为取得的财产，应当予以返还；不能返还或者没有必要返还的，应当折价补偿。有过错的一方应当赔偿对方由此所受到的损失；各方都有过错的，应当各自承担相应的责任。法律另有规定的，依照其规定。民事法律行为不成立，当事人请求返还财产、折价补偿或者赔偿损失的，参照适用上述规定。可见，民事法律行为不成立、被确认为无效后和被撤销后，将产生返还财产、赔偿损失等法律后果。另外，根据《民法典》第507条的规定，合同不生效、无效、被撤销或者终止的，不影响其中独立存在的有关解决争议方法的条款的效力。例如，双方当事人约定用仲裁方式解决双方争议的条款继续有效。

三、代理制度

(一)代理的基本理论

1. 代理的概念及特征

代理是指代理人在代理权限内，以被代理人的名义与第三人实施民事法律行为，由此产生的法律后果直接由被代理人承担的一种法律制度。代理关系的主体包括代理人、被代理人(亦称本人)和第三人(亦称相对人)。代理关系包括三种关系：一是被代理人与代理人之间的代理权关系；二是代理人与第三人之间实施民事法律行为的关系；三是被代理人与第三人之间承受代理行为法律后果的关系。

代理制度使得自然人及组织可以在有限的时间、条件下，通过别人从事民事活动而获得法律效果，扩大了从事民事法律活动的范围和可能性；代理制度还弥补了无民事行为能力人、限制民事行为能力人无法独立从事民事活动的不足，使得他们可以通过代理制度参加民事活动，充分实现自己的经济利益。

代理具有以下几个法律特征：

(1)代理行为是民事法律行为

代理行为以意思表示为核心，能够在被代理人与第三人之间设立、变更和终止民事权利和民事义务，因此代理行为表现为民事法律行为，如订立合同、履行债务等。代理人从事的行为主要包括三类：①民事法律行为；②民事诉讼行为；③某些财政、行政行为，如代理专利申请、商标注册。后面两种行为均包含意思表示要素，可准用民事法律行为的代理之规定。

并非所有的民事法律行为都可以代理。《民法典》第161条规定，依照法律规定、当事人约定或者民事法律行为的性质，应当由本人亲自实施的民事法律行为，不得代理。如立遗嘱、结婚等民事法律行为不得代理。

（2）代理人以被代理人的名义进行民事法律行为

代理的法律效果并非归属于行为人自身，而是由被代理人承受。故法律要求行为必须以被代理人名义实施。《民法典》第925条、第926条属于例外。

（3）代理人是在代理权限内独立向第三人进行意思表示

代理人从事代理时必须拥有代理权。代理权是代理人能够以被代理人名义实施民事法律行为，并使该行为的效果直接归属于被代理人的法律资格。代理人在实施代理行为时应独立思考、自主作出意思表示。这种意思表示包括代理人向第三人作出意思表示，也包括受领第三人的意思表示。

（4）代理人所为的民事法律行为的法律效果归属于被代理人

在代理活动中，代理人不因其所实施的民事法律行为直接取得任何个人利益，由代理行为产生的权利和义务应由被代理人本人承受。

2. 代理与相关概念的区别

（1）代理与委托

委托又称委任，指依双方当事人的约定，由一方为他方处理事务的民事法律行为。委托与代理有如下区别：①行使权利的名义不同。代理是代理人在代理权限内以被代理人名义进行民事活动，其法律效果直接对被代理人发生效力。在委托中，受托人既可以以委托人名义活动，也可以以自己的名义活动。②从事的事务不同。代理涉及的行为以意思表示为要素，故代理从事的行为一定是民事法律行为；委托不要求以"意思表示"为要素，因此委托从事的行为可以是纯粹的事务性行为，如整理资料、打扫卫生等。③代理涉及三方当事人，即被代理人、代理人、第三人；委托则属于双方当事人之间的关系，即委托人和受托人。当然，委托和代理也存在一定的联系，如在委托代理中，委托人（被代理人）与受托人（代理人）之间的法律关系按照委托处理，性质上属于双方法律行为；委托人、受托人及相对人三方当事人之间的法律关系按照代理处理。

（2）代理与行纪

行纪，指经纪人受他人委托以自己的名义从事商业活动的行为。行纪与代理的区别体现在：①行纪是以行纪人自己的名义实施民事法律行为；代理是以被代理人的名义实施民事法律行为。②行纪的法律效果先由行纪人承受，然后通过其他法律关系（如委托合同）转给委托人；代理的法律效果直接由被代理人承受。③行纪必为有偿民事法律行为；代理既可为有偿，亦可为无偿。

（3）代理与传达

传达是将当事人的意思表示忠实地转述给对方当事人的行为。代理与传达之间的区别在于：①传达的任务是忠实传递委托人的意思表示，传达人自己不进行意思表示。代理关系中代理人是独立向第三人进行意思表示，以代理人自己的意志决定意思表示的内容。②代理人要向第三人作出意思表示，故要求代理人具有相应的民事行为能力；传达人是忠实传递委托人的意思表示，不以具有民事行为能力为条件。③身份行为必须由本人亲自实施，不可以代理；身份行为可以借助传达人传递意思表示。

3. 代理的种类

（1）委托代理与法定代理

委托代理是指基于被代理人的委托授权而产生代理权的代理。在委托代理中，代理人所享有的代理权是由被代理人授予的，因此，此种代理又称为授权代理。由于委托授权行为是基于被代理人的意志进行的，被代理人的意思是发生委托代理的前提条件，所以，委托代理又称为意定代理。依据《民法典》第163条第2款的规定，在委托代理中，代理人按照被代理人的委托行使代理权，委托合同关系是代理权赖以产生的基础关系。除委托合同之外，基于职务关系、劳动合同、劳务合同等也可能产生委托代理关系。

法定代理是指依据法律规定而产生代理权的代理。法定代理权的产生不需要依赖于任何授权行为，而直接源于法律的规定。取得法定代理的资格不需要当事人作出意思表示，一般也不需要取得被代理人的同意。同时，由于法定代理人是基于法律的规定享有代理权，而不是根据代理权授予行为享有代理权，因此，代理人只能在法律规定的权限范围内行使代理权。

（2）直接代理与间接代理

直接代理是指代理人以被代理人的名义在授权范围内从事代理行为，代理的效果直接由被代理人承担。间接代理是指代理人以自己的名义从事民事法律行为，并符合《民法典》合同编关于间接代理构成要件的代理。

直接代理和间接代理存在一定的区别：一是从事民事法律行为的名义不同。直接代理是指代理人以被代理人的名义并为了被代理人的利益与第三人实施民事法律行为，故直接代理也可以称为显名代理。间接代理是代理人以自己的名义从事民事法律行为。二是代理的效果是否能直接对被代理人产生效力不同。在直接代理的情况下，代理人从事代理行为的法律效果直接归属于被代理人。而在间接代理的情况下，只有在符合合同规定的间接代理的条件时，因本人行使介入权和第三人行使选择权，才可能使被代理人承受代理行为的效果。三是法律依据不同。《民法典》对直接代理的一般规则作出了规定，而间接代理是指符合《民法典》第925条和第926条规定的要件的代理。

（3）本代理与复代理

复代理是相对于本代理而言的。本代理是指由被代理人选任代理人或者直接依据法律规定产生代理人的代理，一般的代理都是本代理。复代理又称再代理，是指代理人为了实施其代理权限内的行为，以自己的名义选定他人担任被代理人的代理人的代理。

本代理与复代理的区别主要表现在由谁来选定代理人。在本代理中，代理人由本人选定，而在复代理中，复代理人由代理人选定。同时，两者的代理人人数不同。在本代理中，代理人只有一人；而在复代理中，存在代理人和复代理人两个代理人。

（4）单独代理与共同代理

单独代理是指代理权属于一人的代理；共同代理是指代理权由数人共同行使的代理。在法定代理中，父母的代理权原则上应由父母共同行使。《民法典》第 166 条规定："数人为同一代理事项的代理人的，应当共同行使代理权，但是当事人另有约定的除外。"这就在法律上承认了共同代理。

共同代理和单独代理的区别主要表现在：一是在共同代理的情况下，代理权作为一个整体由数人共同享有；而在单独代理的情况下，只存在一个代理人，代理权仅由一人享有。二是在共同代理的情形下，必须由数个代理人共同行使代理权；在单独代理的情形下，只能由一人行使代理权，也不涉及与其他代理人的权利冲突问题。三是在共同代理的情况下，其中一个代理人知道代理事项违法，其他人知道或应当知道这一情形时，应当停止代理行为，如果其继续实施代理行为，则应当对造成的损害后果承担连带责任；而在单独代理的情况下，则不涉及这一问题。

（二）委托代理

1. 委托代理概述

委托代理是指基于被代理人授权的意思表示而发生的代理，又称意定代理。由于委托代理基于被代理人授权的意思表示而发生，因此委托代理的被代理人在授权时必须具有相应的民事行为能力。

委托授权为不要式行为，既可以采用书面形式，也可以采用口头或者其他方式授权。书面的委托形式是授权委托书，最典型的就是职务授权。根据《民法典》第 170 条的规定，执行法人或者非法人组织工作任务的人员，就其职权范围内的事项，以法人或者非法人组织的名义实施民事法律行为，对法人或者非法人组织发生效力。法人或者非法人组织对执行其工作任务的人员职权范围的限制，不得对抗善意相对人。

2. 委托代理中的代理权

（1）代理权概述

代理制度的核心内容是代理权。代理权是代理人以他人名义独立为意思表示，并使其效果归属于他人的一种法律资格。代理权产生的根据，或基于法律规定，如法定代理；或基于被代理人的授权行为，如委托代理。

委托代理中的授权行为是一种单方民事法律行为，仅凭被代理人一方的意思表示，即可发生授权的效果。因此这种授权行为区别于被代理人与代理人之间的基础法律关系，基础法律关系可以是委托合同、合伙合同等双方民事法律行为，但授权行为一定是单方民事法律行为。被代理人的授权行为，既可以向代理人进行，也可以向相对人为之，两者效力相同。

（2）代理权行使的一般原则

代理权的行使，是指代理人在代理权限内，以被代理人的名义实施的代理行为。因代理人在代理权限内所从事的代理行为而产生的法律效果，都应当由被代理人承担。但代理人在行使代理权的过程中，应当遵守如下原则：

第一，代理人必须在代理权限内从事代理行为。代理人只能在代理权规定的代理事由、代理范围内行使代理权。代理人未经被代理人同意，不得擅自扩大和变更代理权限。如果是共同代理，则各个代理人应当共同行使代理权，任何一方不得擅自单独行使代理权。如果代理人在从事代理活动过程中，发现代理的事务因客观原因的变化应当加以改变，应当及时与被代理人联系，征求被代理人的意见。此外，代理期限一旦届满，就应当及时告知被代理人，如果被代理人不延长期限，代理人应当停止代理活动。

第二，代理人必须亲自从事代理行为。代理关系具有浓厚的人身信赖色彩，被代理人常常是基于对代理人的知识、技能、信用等的信赖而委托代理人的。既然代理是基于高度信任关系而产生，代理人必须亲自从事代理行为，才符合被代理人的意志和利益。基于代理关系的人身信赖性质，代理权一般不得转让。

第三，代理人必须依据诚信原则从事代理行为。代理人必须努力尽到勤勉和谨慎的义务，充分维护被代理人的利益。如果客观情况发生变化，需要改变委托事务，代理人应当及时向被代理人报告。除当事人另有特别约定外，代理人应当对被代理人的财产和各种代理事务尽到善良管理人的注意义务，代理人应当从维护被代理人的利益出发，争取获得对被代理人最有利的结果。在代理关系终止以后，代理人必须要按照诚信原则履行报告、保密、结算等义务，并应当及时交还代理证书及有关资料。

第四，代理人必须正当行使代理权。代理人在从事代理行为时，应当依据法律规定和诚信原则正当行使其代理权，不得滥用代理权，从事自己代理、双方代理等损害被代理人利益的行为。

（3）代理权的滥用

代理权是整个代理关系的基础，代理人之所以能代替被代理人实施民事法律行为，就在于代理人拥有代理权。滥用代理权是指代理人行使代理权时，违背代理权的设定宗旨和代理行为的基本准则，损害被代理人利益的行为。滥用代理权的行为包括自己代理、双方代理以及代理人和第三人恶意串通。自己代理和双方代理使得代理人不能最大限度维护被代理人的利益，违背代理制度"受人之托，忠人之事"的初衷。根据《民法典》第 168 条的规定，代理人不得以被代理人的名义与自己实施民事法律行为，但是被代理人同意或者追认的除外。代理人不得以被代理人的名义与自己同时代理的其他人实施民事法律行为，但是被代理的双方同意或者追认的除外。可见，自己代理与双方代理在民事法律行为类型上应当定性为效力待定行为，其行为效力取决于被代理人对意思表示追认与否。代理人和相对人恶意串通，损害被代理人合法权益的，代理人和相对人应当承担连带责任。

（4）无权代理

所谓无权代理，就是没有代理权的代理。无权代理不是代理的一种形式，而是具备代理行为的表象但是欠缺代理权的行为。无权代理在法律上并非当然无效，应当根据具体情形具体分析。无权代理的发生原因在于代理人无代理权。无权代理的情形一般包括：①没有代理权的代理行为；②超越代理权的代理行为；③代理权终止后的代理行为。

代理权的存在是代理关系成立并有效的必要条件。行为人实施的行为未被追认的，善意相对人有权请求行为人履行债务或者就其受到的损害请求行为人赔偿，但是赔偿的范围不得超过被代理人追认时相对人所能获得的利益。相对人知道或者应当知道行为人无权代理的，相对人和行为人按照各自的过错承担责任。

无权代理并非当然无效，根据《民法典》第 171 条的规定，在无权代理的情况下，代理人实施的民事法律行为效力待定。无权代理中当事人的权利义务主要体现为以下情况：

①无权代理经被代理人追认，即直接对被代理人发生法律效力，产生与有权代理相同的法律后果。被代理人的此项权利称为追认权，是法律为保护被代理人利益设定的。追认权性质上属于形成权，故仅凭权利人单方的意思表示即可决定权利人与相对人之间法律关系的变动。法律对当事人权利行使有期限的要求。《民法典》第 171 条规定，相对人可以催告被代理人自收到通知之日起三十日内予以追认。被代理人未作表示的，视为拒绝追认。行为人实施的行为被追认前，善意相对人有撤销的权利。撤销应当以通知的方式作出。一旦本人拒绝追认，无权代理行为就确定转化为无效民事法律行为，由各方当事人按照各自的过错程度承担法律责任。无权代理成立后，被代理人已经开始履行法律行为项下义务的，视为对无权代理行为的追认。

②相对人的保护。在被代理人追认前，相对人可以催告，请求被代理人对是否追认代理权作出明确的意思表示。催告在性质上属于意思通知行为，不属于形成权。善意相对人在被代理人行使追认权之前，有权撤销其对无权代理人已经作出的意思表示，此为撤销权。撤销权在性质上也属于形成权。善意相对人享有撤销权，是相对人（第三人）与被代理

人权利对等的表现。撤销应当以通知方式作出，一旦撤销则代理人与相对人所为的民事法律行为即不生效。撤销权的行使有两个条件：第一，只有善意相对人才可以行使撤销权。如果相对人知道或者应当知道无权代理人无代理权，则不能行使撤销权。第二，撤销权的行使必须在被代理人行使追认权之前。如果被代理人已经行使了追认权，则代理行为确定有效，此时，善意相对人无撤销权。

（5）表见代理

表见代理，指无权代理人的代理行为客观上存在使相对人相信其有代理权的情况，且相对人主观上为善意，因而可以向被代理人主张代理的效力。表见代理属于广义的无权代理的一种。《民法典》第172条规定，行为人没有代理权、超越代理权或者代理权终止后，仍然实施代理行为，相对人有理由相信行为人有代理权的，代理行为有效。法律确立表见代理规则的主要意义在于维护人们对代理制度的信赖，保护善意相对人，保障交易安全。

表见代理要成立，应当具备如下构成要件：

①代理人无代理权。如果代理人实际拥有代理权，则为有权代理，不发生表见代理。

②相对人在主观上为善意且无过失。这是表见代理成立的主观要件，即相对人不知道行为人所为的行为属于无权代理行为，且相对人在主观上并无过错。

③客观上有使相对人相信无权代理人具有代理权的情形，即存在代理的外观。存在客观事由，并使相对人相信无权代理人有代理权，是表见代理成立的根据。在实践中，通常表现为：合同签订人持有被代理人的介绍信或盖有印章的空白合同书，使得相对人相信其有代理权；无权代理人此前曾被授予代理权，且代理期限尚未结束，但实施代理行为时代理权已经终止。

④相对人基于这种客观情形而与无权代理人成立民事法律行为。相对人虽有理由相信其有代理权，但最后并未成立民事法律行为，不发生表见代理。只有在相对人相信其有代理权，并发生了民事法律行为时才成立表见代理。

表见代理对于本人来说，产生与有权代理一样的效果。即在相对人与被代理人之间发生法律关系。被代理人应受无权代理人与相对人实施的民事法律行为的拘束。被代理人不得以无权代理作为抗辩事由，主张代理行为无效。

（6）复代理

代理在符合法律规定的情形下，可以委托他人代为实施。复代理的特征主要表现在：一是代理人以自己的名义为被代理人选定代理人。也就是说，复代理人是直接由代理人选定的，而不是由被代理人选定的。在复代理关系形成以后，代理人并没有完全退出代理关系，但是其代理的主要权限已经转移给复代理人，由复代理人行使，其产生的代理后果直接归属于被代理人。二是复代理人是被代理人的代理人，而不是代理人的代理人。尽管复代理人是代理人选定的，但其仍然要以被代理人的名义进行活动。三是复代理人是代理人基于复任权而选任的。复任权是指选择他人作为复代理人的权利。复代理人因为代理人行使复任权而成为复代理人，其代理权限直接源于代理人所享有的代理权，因此，复代理人的权利不能超过代理人的权限。

在委托代理中，复代理的产生必须符合如下条件：一是委托代理人为了被代理人的利益需要转托他人代理。只有在代理人因为种种原因，不能够亲自执行代理事务、完成代理任务的情况下，为了被代理人的利益，才有必要实行转委托。二是如果为了被代理人的利益确实需要转委托，要取得被代理人的同意。三是在紧急情况下不需要征得被代理人的同意。所谓紧急情况，主要是指由于疾病、通信联络中断、疫情防控等特殊原因，委托代理人自己不能办理代理事项，又不能与被代理人及时取得联系，如不及时转委托第三人代理，会给被代理人的利益造成损失或者扩大损失的情况。依据《民法典》第 169 条第 3 款的规定，如果转委托不符合上述条件，该转委托行为对被代理人不发生效力，代理人应当对转委托的第三人的行为承担责任。

复代理成立后，复代理人成为被代理人的代理人。复代理人可以以被代理人的名义实施代理行为，由此产生的一切法律后果都应当由被代理人承担。

四、诉讼时效

（一）诉讼时效的基本理论

1. 诉讼时效的概念和特征

诉讼时效是指权利人在法定期间内不行使权利而失去国家强制力保护其民事权利的制度。诉讼时效属于法律事实中的事件，是基于一定的事实状态在法律规定的一定期间内持续存在而当然发生、不为当事人意志所决定的某种法律效果。民法上建立诉讼时效制度，目的在于维护社会经济秩序的稳定、避免时间过长导致举证困难，同时也有利于督促权利人及时行使权利。

诉讼时效具有以下特点：

第一，有债权人不行使权利的事实状态存在，而且该状态持续了一段时间。

第二，诉讼时效届满不消灭债权人实体权利，只是让债务人产生抗辩权。这意味着：①诉讼时效期间的经过，不影响债权人提起诉讼，即不丧失起诉权。②债权人起诉后，如果债务人主张诉讼时效的抗辩，法院在确认诉讼时效届满的情况下，应驳回其诉讼请求；当事人未提出诉讼时效抗辩，人民法院不应对诉讼时效问题进行释明及主动适用诉讼时效的规定进行裁判。当事人在一审期间未提出诉讼时效抗辩，在二审期间提出的，人民法院不予支持，但其基于新的证据能够证明对方当事人的请求权已过诉讼时效期间的情形除外。③诉讼时效期间届满，当事人一方向对方当事人作出同意履行义务的意思表示或者自愿履行义务后，又以诉讼时效期间届满为由进行抗辩，人民法院不予支持。

第三，诉讼时效具有强制性。法律关于诉讼时效的规定属于强制性规范，当事人对诉讼时效利益的预先放弃无效。诉讼时效的具体内容，如诉讼时效的期间、计算方法以及中止、中断的事由均由法律规定，当事人约定无效。

2. 诉讼时效的适用范围

诉讼时效的适用范围也称诉讼时效的客体。《民法典》第188条第1款规定："向人民法院请求保护民事权利的诉讼时效期间为三年。法律另有规定的，依照其规定。"该条对诉讼时效作出了规定，但其只是使用了"民事权利"这一表述，而没有对诉讼时效的适用范围作出明确界定。而《民法典》第196条关于不适用诉讼时效的请求权的情形，主要针对的是物权请求权和人格权请求权，由此可见，诉讼时效应当主要适用于债权请求权。

债权请求权是特定的债权人请求债务人为一定的行为或不为一定行为的权利。从原则上说，债权的请求权都可以适用诉讼时效，如合同之债、侵权之债、无因管理之债、不当得利之债等。

诉讼时效并非适用于所有的请求权，《民法典》第196条规定，下列请求权不适用诉讼时效的规定：请求停止侵害、排除妨碍、消除危险；不动产物权和登记的动产物权的权利人请求返还财产；请求支付抚养费、赡养费或者扶养费；依法不适用诉讼时效的其他请求权。另外，最高人民法院《关于审理民事案件适用诉讼时效制度若干问题的规定》第1条也规定了一些不适用诉讼时效的债权请求权：支付存款本金及利息请求权；兑付国债、金融债券以及向不特定对象发行的企业债券本息请求权；基于投资关系产生的缴付出资请求权。

与诉讼时效相近的一个概念是除斥期间。除斥期间是指法律规定某种权利预定存续的期间，债权人在此期间不行使权利，预定期间届满，便可发生该权利消灭的法律后果。如《民法典》第1124条第2款规定，受遗赠人应在知道受遗赠后60日内作出接受遗赠的表示，否则视为放弃。60日即为受遗赠权的除斥期间。

诉讼时效和除斥期间都是以一定的事实状态存在和一定期间的经过为条件而发生一定的法律后果，都属于法律事实中的事件。但两者有如下区别：①适用对象不同。诉讼时效一般适用于债权请求权；除斥期间一般适用于形成权，如追认权、解除权、撤销权等，也可能适用于请求权，如《民法典》第1124条第2款规定的受遗赠权。②可以援用的主体不同。人民法院不能主动援用诉讼时效，诉讼时效须由当事人主张后，人民法院才能审查；

除斥期间无论当事人是否主张，人民法院均可主动审查。③法律效力不同。诉讼时效届满只是让债务人取得抗辩权，债权人的实体权利不消灭；除斥期间届满，实体权利消灭。

（二）诉讼时效的种类与起算

1. 诉讼时效的种类

诉讼时效的种类、期间都是法定的，不同的诉讼时效有不同的期间，不同的诉讼时效有不同的起算时间。根据《民法典》规定，诉讼时效有以下几种：

（1）普通诉讼时效

除了法律有特别规定，民事权利适用普通诉讼时效期间。根据《民法典》第188条规定，向人民法院请求保护民事权利的诉讼时效期间为3年。法律另有规定的，依照其规定。

（2）长期诉讼时效

长期诉讼时效，指时效期间比普通诉讼时效的3年要长，但不到20年的诉讼时效。如《民法典》第594条规定，涉外货物买卖合同及技术进出口合同争议提起诉讼或者仲裁的时效期间为4年。

（3）最长诉讼时效

最长诉讼时效是指期间为20年的诉讼时效期间。根据《民法典》第188条的规定，权利被侵害超过20年的，人民法院不予保护。与其他诉讼时效相比，最长诉讼时效期间从权利被侵害时计算，而非从权利人知道或者应当知道之时起算。最长诉讼时效期间可以适用诉讼时效的延长，但不适用诉讼时效期间的中断、中止等规定。

2. 诉讼时效期间的起算

诉讼时效期间自权利人知道或者应当知道权利受到损害以及义务人之日起计算。无民事行为能力人或者限制民事行为能力人的权利受到损害的，诉讼时效期间自其法定代理人知道或者应当知道权利受到损害以及义务人之日起计算。法律另有规定的，依照其规定。权利人要能够行使请求权，原则上应当符合几个条件：有请求权受侵害的事实；权利人知道或者应当知道请求权受到损害；权利人知道或者应当知道义务人。

根据我国的法律规定和司法实践，结合各类民事法律关系的不同特点，诉讼时效期间的起算有不同的情况：

①附条件的或附期限的债的请求权，从条件成就或期限届满之日起算。

②约定有履行期限的债的请求权，从清偿期届满之日起算。当事人约定同一债务分期履行的，诉讼时效期间自最后一期履行期限届满之日起计算。

③未约定履行期限的合同,依照《民法典》第 511 条的规定,可以确定履行期限的,诉讼时效期间从履行期限届满之日起计算;不能确定履行期限的,诉讼时效期间从债权人要求债务人履行义务的宽限期届满之日起计算,但债务人在债权人第一次向其主张权利之时明确表示不履行义务的,诉讼时效期间从债务人明确表示不履行义务之日起计算。

④无民事行为能力人或者限制民事行为能力人对其法定代理人的请求权的诉讼时效期间,自该法定代理终止之日起计算。

⑤未成年人遭受性侵害的损害赔偿请求权的诉讼时效期间,自受害人年满 18 周岁之日起计算。

⑥请求他人不作为的债权请求权,应当自权利人知道义务人违反不作为义务时起计算。

⑦国家赔偿的诉讼时效的起算,自赔偿请求人知道或者应当知道国家机关及其工作人员行使职权时的行为侵犯其人身权、财产权之日起计算,但被羁押等限制人身自由期间不计算在内。

(三)诉讼时效的中止

1. 诉讼时效中止的概念

诉讼时效中止,指在诉讼时效进行中,因一定的法定事由的发生而使权利人无法行使请求权,暂时停止计算诉讼时效期间。《民法典》第 194 条规定,在诉讼时效期间的最后六个月内,因不可抗力或者其他障碍不能行使请求权的,诉讼时效中止。

2. 诉讼时效中止的事由

中止诉讼时效必须有法定事由的存在。根据《民法典》的规定,中止诉讼时效的事由包括:①不可抗力;②无民事行为能力人或者限制民事行为能力人没有法定代理人,或者法定代理人死亡、丧失民事行为能力、丧失代理权;③继承开始后未确定继承人或者遗产管理人;④权利人被义务人或者其他人控制;⑤其他导致权利人不能行使请求权的障碍。

3. 诉讼时效中止的时间

根据《民法典》第 194 条的规定,只有在诉讼时效的最后 6 个月内发生中止事由,才能中止诉讼时效的进行。如果在诉讼时效期间的最后 6 个月以前发生权利行使障碍,而到最后 6 个月时该障碍已经消除,则不能发生诉讼时效的中止;如果该障碍在最后 6 个月时尚未消除,则应从最后 6 个月开始时起中止时效期间,直至该障碍消除。

4. 诉讼时效中止的法律效力

在诉讼时效中止的情况下,在时效中止的原因消除后,诉讼时效始终剩下 6 个月。即自中止时效的原因消除之日起满 6 个月，诉讼时效期间届满。在民法规定的最长诉讼时效期间内，诉讼时效中止的持续时间没有限制。

(四)诉讼时效的中断

1. 诉讼时效中断的概念

诉讼时效中断，指在诉讼时效进行中，因法定事由的发生致使已经进行的诉讼时效期间全部归于无效，诉讼时效期间重新计算。《民法典》第 195 条规定，有下列情形之一的，诉讼时效中断，从中断、有关程序终结时起，诉讼时效期间重新计算：①权利人向义务人提出履行请求；②义务人同意履行义务；③权利人提起诉讼或者申请仲裁；④与提起诉讼或者申请仲裁具有同等效力的其他情形。

2. 诉讼时效中断的法定事由

(1)权利人向义务人提出履行请求

这是指权利人在诉讼程序以外作出请求履行的主张。这种主张在客观上改变了权利不行使的事实状态，导致诉讼时效中断。具有下列情形之一的，应当认定为"当事人一方提出要求"：①当事人一方直接向对方当事人送交主张权利文书，对方当事人在文书上签字、盖章或者虽未签字、盖章但能够以其他方式证明该文书到达对方当事人的；②当事人一方以发送信件或者数据电文方式主张权利，信件或者数据电文到达或者应当到达对方当事人的；③当事人一方为金融机构，依照法律规定或者当事人约定从对方当事人账户中扣收欠款本息的；④当事人一方下落不明，对方当事人在国家级或者下落不明的当事人一方住所地的省级有影响的媒体上刊登具有主张权利内容的公告的，但法律和司法解释另有特别规定的，适用其规定；⑤权利人对同一债权中的部分债权主张权利，诉讼时效中断的效力及于剩余债权，但权利人明确表示放弃剩余债权的情形除外。其中，第①项情形中，对方当事人为法人或者非法人组织的，签收人可以是其法定代表人、主要负责人、负责收发信件的部门或者被授权主体；对方当事人为自然人的，签收人可以是自然人本人、同住的具有完全民事行为能力的亲属或者被授权主体。

(2)义务人同意履行义务

义务人通过一定的方式向权利人作出愿意履行义务的意思表示，权利人信赖这种表示而不行使请求权，不能说是怠于行使权利，因此也构成诉讼时效的中断。义务人作出分期履行、部分履行、提供担保、请求延期履行、制定清偿债务计划等承诺或者行为，均属于义务人同意履行义务的行为。

(3)权利人提起诉讼或者申请仲裁

提起诉讼是指通过司法程序行使请求权。当事人一方向人民法院提交起诉状或者口头起诉的，诉讼时效从提交起诉状或者口头起诉之日起中断。权利人向人民调解委员会以及其他依法有权解决相关民事纠纷的国家机关、事业单位、社会团体等提出保护相应民事权利的请求，诉讼时效从提出请求之日起中断。权利人向公安机关、人民检察院、人民法院报案或者控告，请求保护其民事权利的，诉讼时效从其报案或者控告之日起中断。上述机关决定不立案、撤销案件、不起诉的，诉讼时效期间从权利人知道或者应当知道不立案、撤销案件或者不起诉之日起重新计算；刑事案件进入审理阶段，诉讼时效期间从刑事裁判文书生效之日起重新计算。另外，下列事项均与提起诉讼或者申请仲裁具有同等效力：①申请支付令；②申请破产、申报破产债权；③为主张权利而申请宣告义务人失踪或死亡；④申请诉前财产保全、诉前临时禁令等诉前措施；⑤申请强制执行；⑥申请追加当事人或者被通知参加诉讼；⑦在诉讼中主张抵销。

除了上述三项诉讼时效中断的事由以外，下列情形也会发生诉讼时效中断的效果：①对于连带债权人、连带债务人中的一人发生诉讼时效中断效力的事由，应当认定对其他连带债权人、连带债务人也发生诉讼时效中断的效力。②债权人提起代位权诉讼的，应当认定对债权人的债权和债务人的债权均发生诉讼时效中断的效力。③债权转让的，应当认定诉讼时效从债权转让通知到达债务人之日起中断。债务承担情形下，构成原债务人对债务承认的，应当认定诉讼时效从债务承担意思表示到达债权人之日起中断。此外，还应注意债权转让与债务承担中诉讼时效中断要件的不同。债权转让只要转让通知到达债务人处即发生中断效力，债务承担则需要原债务人认可债务的存在方可发生中断效力。

3. 诉讼时效中断的法律效力

诉讼时效中断的法律效力主要体现在诉讼时效期间的重新起算。当诉讼时效中断发生时，已经经过的诉讼时效期间全部作废，诉讼时效期间从中断事由消除之日起重新计算。

◎ **练习题**

1. 简述法律关系的概念及构成要素。

2. 简述道德与法律的关系。

3. 简述可撤销的民事法律行为的种类。

4. 简述诉讼时效的概念。

5. 引起诉讼时效中断的事由有哪些？

第二章　创业商事组织法之企业法

◎ **引言**

创业者从事商事活动，首先面临的是选择哪种商主体形式进行创业。这需要创业者了解我国法律规定的商主体的主要形式，以及各主体形式的特点，并选择适合自己的商主体形式。通过本章的学习，掌握法人制度的相关规定，比较个人独资企业与合伙企业的不同，以及二者组织形式的优缺点，以帮助创业者作出更好的选择。

◎ **本章引例**

假设2018年3月，甲、乙、丙、丁按照《中华人民共和国合伙企业法》的规定，共同投资设立从事商品流通的有限合伙企业。合伙协议约定了以下事项：

1. 甲以现金5万元出资，乙以房屋作价8万元出资，丙以劳务作价4万元出资、另外以商标权作价5万元出资，丁以现金10万元出资；

2. 丁为普通合伙人，甲、乙、丙为有限合伙人；

3. 各合伙人按相同比例分配盈余、分担亏损；

4. 合伙企业的事务由丙和丁执行，甲和乙不执行合伙企业事务，也不对外代表合伙企业；

5. 普通合伙人向合伙人以外的人转让财产份额的，不需要经过其他合伙人同意；

6. 合伙企业名称为"稳信物流合伙企业"。

根据上述材料，回答下列问题：

1. 合伙人丙以劳务作价出资的做法是否符合规定？

2. 该合伙企业的事务执行方式是否符合规定？

3. 关于合伙人转让出资的约定是否符合法律规定？

4. 该合伙企业名称是否符合规定？

5. 各合伙人按照相同比例分配盈利、分担亏损的约定是否符合规定？

第一节 法人制度

一、法人的概念

法人是相对于自然人而言的一类民事权利主体。早在古罗马时期，罗马法学家就已经注意到除自然人之外还存在另一类民事主体，即社团。此概念是罗马法中团体概念的总称，有时仅用于公共团体法人，即公法人。但是，罗马法学家并没有提出明确的法人概念。1784年《普鲁士普通邦法》最早采纳法人概念，1900年的《德国民法典》承认了法人是一类独立的民事主体，但是并没有下一个明确的定义。[①]

我国《民法典》第57条规定："法人是具有民事权利能力和民事行为能力，依法独立享有民事权利和承担民事义务的组织。"这一规定不仅揭示了法人是一种社会组织，有独立的主体资格，而且也指明了不是任何社会组织都能取得法人资格，只有那些具备了法定条件，被依法赋予了法人资格的社会组织才能成为法人。[②] 现代法人制度是民商法中的重要制度，它在社会经济生活中具有重要的地位，法人具有自然人无法具有的作用。

二、法人的特征

1. 法人是组织

法人应当有自己的组织机构，法人的组织机构是对内管理法人事务、对外代表法人从事民事活动的机构的总称。

2. 法人拥有独立的财产

所谓独立的财产，是指法人具有独立于投资人以及法人成员的财产。法人拥有独立的财产是法人作为独立主体存在的基础和前提条件，也是法人独立地享有民事权利和承担民事义务的物质基础。

3. 法人能独立承担民事责任

法人能够独立承担民事责任是它拥有独立财产的必然反映和结果。正因为法人有独立的财产，所以它理所当然地要独立承担由自己的活动所产生债务的财产责任。法人的财产与法人成员的财产以及创立人的其他财产是相互独立的，因而除法律另有规定外，法人成

---

① 谢鸿飞. 论民法典法人性质的定位 法律历史社会学与法教义学分析[J]. 中外法学，2015，27（06）：1508-1528.

② 刘心稳. 中国民法[M]. 北京：中国政法大学出版社，2012：47.

员或创立个人对法人的债务不承担责任，而应由法人以自己所有的财产承担民事责任。①

4. 法人能以独立的名义参加民事法律关系

所谓"独立的名义"，是指法人能够以自己的名义独立地享有权利、承担义务，并能在法院起诉应诉。独立的名义也表明法人应当具有民事权利能力和民事行为能力。

三、法人的分类

根据我国《民法典》，可以将法人分为以下三类：

1. 营利法人

以取得利润并分配给股东等出资人为目的成立的法人，为营利法人。营利法人以从事生产、流通、科技等经营性活动为内容，其终极目的在于追求利润并将所获得的利益分配给股东等出资人。如果法人的最终目的不是把他的利益分配给他的社员，而是在于互助或者公益，那么它虽然是以营利为其手段，也不能视为营利法人。② 营利法人包括有限责任公司、股份有限公司和其他企业法人等。

2. 非营利法人

为公益目的或者其他非营利目的成立，不向出资人、设立人或者会员分配所取得利润的法人，为非营利法人。非营利法人包括事业单位法人、社会团体法人、基金会法人、社会服务机构法人、宗教捐助法人等。基金会、社会服务机构和宗教捐助法人，包括寺院、道观、教会等宗教活动场所等都属于捐助法人。

3. 特别法人

机关法人、农村集体经济组织法人、城镇农村的合作经济组织法人、基层群众性自治组织法人，为特别法人。

四、法人的民事行为能力与民事权利能力

(一)法人的民事行为能力

1. 法人民事行为能力的概念

法人的民事行为能力是指法人作为民事权利主体，以自己的行为享有民事权利和承担民事义务的资格。

2. 法人民事行为能力的特点

---

① 许中缘. 论法人的独立责任与二元民事主体制度[J]. 法学评论，2017，35(01)：97-108.
② 施天涛. 公司法论：第4版[M]. 北京：法律出版社，2018：7.

第一，法人的民事行为能力和民事权利能力同时产生和消灭。法人的民事行为能力始于法人成立，终于法人消灭，在法人存续期间始终存在。对于法人来说，有民事权利能力就必然有民事行为能力，二者同时产生，同时消灭。

第二，法人的民事行为能力和民事权利能力的范围相同。法人民事行为能力的范围和民事权利能力的范围是一致的，法人民事行为能力的范围不能超出法人民事权利能力所限定的范围。

第三，法人的民事行为能力由法人的机关或代表来实现。法人机关或代表以自己的意思表示，代表着法人的团体意志，他们根据法律、章程、条例而实施的民事行为应认为是法人的行为，其法律后果由法人承担。

3. 法定代表人

法定代表人是指依法律或法人章程规定代表法人行使职权的负责人。我国实行单一法定代表人制，一般认为法人的正职行政负责人为其法定代表人，如公司的法定代表人为董事长、执行董事或总经理。①

(二)法人的民事权利能力

1. 法人民事权利能力的概念

法人民事权利能力是指法人作为民事权利主体，享有民事权利并承担民事义务的资格。

2. 法人民事权利能力的特征

①始期与终期。以成立为始期，消灭为终期。

②特征：法人的民事权利能力毕竟不同于自然人，其特殊性具体表现为：

第一，性质上的限制。专属于自然人的民事权利内容，法人均不能享有。如身体权、健康权、隐私权、继承权，但是法人可以享有名称权、荣誉权、名誉权等人格权。

第二，法律上的限制。法人只能在法律或者行政命令范围内，具有享有权利和承担义务的能力。如为防止国有资产的流失，根据担保的相关规定，机关法人和以公益为目的的事业单位、社会团体法人不得为担保人。

第三，章程和目的的限制。法人的权利能力受到设立人意志的约束，设立人在设立法人时确立的目的范围也直接决定了法人的能力范围。

3. 法人民事权利能力的限制

关于法人的权利能力，无论采何种立法方式，均承认法人与自然人不同，其权利能力

---

① 李亮国，邹娟平，刘秋蓉．经济法[M]．成都：电子科技大学出版社，2019：33．

受到各种限制①：

其一，自然性质的限制。指因法人与自然人在性质上的差异所产生的对法人权利能力的限制。如基于自然人固有的性别、年龄、亲属关系的权利义务，法人不能享有。法人不得成为继承人，但可成为受遗赠人。法人只有名称权、名誉权等不以肉体为前提的人格权。

其二，法规的限制。法人设立的特别法有对其权利能力的限制，《公司法》第 14 条规定，法律规定公司不得成为对所投资企业的债务承担连带责任的出资人的，从其规定。

其三，法人目的的限制。法人与自然人不同，是为了实现一定目的而成立的组织体。其章程所规定的目的，成为对法人活动的限制。如果对其目的范围作比较宽松的解释，则法人的活动范围可相当广泛，反之作严格的解释，则法人的活动将受到相当的限制。

(三)法人的民事责任能力

法人的民事责任能力，是指法人对自己的侵权行为承担民事责任的能力或资格。我国《民法典》第 57 条明确规定，法人依法独立享有民事权利和承担民事义务。

法人的民事责任主要表现在以下几个方面：

第一，法人对其法定代表人及其他工作人员的职务行为承担民事责任。法人的法定代表人及其他工作人员执行职务的行为就是法人的行为，其职务行为的一切法律后果都由法人承担。法人的这一责任的范围包括合同责任和侵权责任两个方面。

第二，法人对自己的民事违法行为承担民事责任。如法人对其出资不实承担责任。公司的资本应遵守"资本确定、资本维持、资本不变"的三原则。资本确定，指公司应收足其章程所载数额的资本；资本维持，指公司成立后应保有与注册资本相当的资本额；资本不变，指公司的注册资本确定后，非依法定程序不得减少。这里的"出资不实"，既包括公司提交虚假的验资证明、虚报注册资本取得公司登记的情况，也包括公司股东虚假出资、抽逃出资的情况。

第三，法人对其分支机构的责任。法人的分支机构，是根据法人的意志，在法人总部之外依法设立的不具备法人资格的法人分部。法人的分支机构是法人的组成部分，其活动范围限于法人的活动范围内。分支机构的行为后果，最终由所属法人承担责任。

第四，法人对筹建中法人的行为的责任。筹建中的法人，是指为设立法人组织而进行

---

① 冯珏. 自然人与法人的权利能力——对于法人本质特征的追问[J]. 中外法学，2021，33(02)：346-368.

筹建活动的非法人组织，其不具有法人资格，但在司法实践中，它在筹建或设立法人所必要事项的范围内享有民事权利能力，可以自己的名义起诉和应诉，性质上属于非法人组织。筹建中法人行为的后果，在法人成立后由法人承担，法人未成立时由发起人承担。

五、法人的成立

法人的成立，是法人取得民事权利能力和民事行为能力的法律事实，相当于自然人的出生。法人的设立，是为创办法人组织，使其具有民事权利主体资格而进行的多种准备行为。法人的成立与法人的设立是两个既有联系又有区别的概念，没有法人的设立便没有法人的成立，法人成立必须经法人设立。

1. 依法成立

依法成立，是指依照法律规定而成立。依法成立包括两方面的内容：一是法人组织的设立合法，即法人设立的目的、宗旨要符合国家和社会公共利益的要求，其组织机构、经营范围、设立方式、经营方式等要符合国家法律的要求。二是法人成立的程序须符合法律、法规的要求。

2. 有自己的名称、组织机构和场所

第一，法人作为特定的民事主体，必须要有自己的名称。法人的名称是法人区别于其他民事主体的标志，是法人商誉的组成部分。法人对自己经核准登记的名称享有专用权。企业法人还能依法转让自己的名称。

第二，法人的组织机构是对内管理法人事务、对外代表法人进行活动的机构。法人作为社会组织，其意思表示必须依法由法人组织机构来完成，如果没有组织机构，就不能成为法人。

第三，法人的场所就是法人从事业务活动或生产经营活动的处所。这对于法人开展业务活动、履行债务以及国家有关部门对其进行监督和管理都有重要意义。

3. 有自己的财产和经费

法人拥有必要的财产或者经费，是其生存和发展的基础，也是其独立承担民事责任的财产保障。

4. 须经登记

在中国，法人的成立，原则上都必须经过登记，方能取得法人资格。例如企业法人，均须办理登记(如《民法典》第58条、《公司法》第29条)。事业单位法人和社会团体法人，除法律规定不需要登记的外，均须办理登记，机关法人不须登记。法律规定须登记的事项未作变更登记的，其变更不得对抗第三人。

第二节 个人独资企业法

一、个人独资企业的概述

个人独资企业,是指依照《个人独资企业法》在中国境内设立,由一个自然人投资,财产为投资人个人所有,投资人以其个人财产对企业债务承担无限责任的经营实体。

(一)个人独资企业的特征

1. 投资人是一个自然人

个人独资企业的投资人只能是自然人,不包括法人和其他社会组织。根据《个人独资企业法》第47条规定,外商投资企业不适用本法。因此,这里的自然人仅指中国公民。关于作为个人独资企业投资人的自然人是否应同时具备权利能力和民事行为能力问题,各国规定不一。我国的《个人独资企业法》对此未作规定,一般认为,无民事行为能力人和限制民事行为能力人,不能作为个人独资企业的投资人。另外,法律禁止从事商业活动的特殊职业者,如国家公务员,也不能作为个人独资企业的投资人。

2. 投资人对企业的债务承担无限责任

所谓投资人以其个人财产对企业债务承担无限责任,是指当企业财产不足以清偿企业到期债务时,投资人以其个人全部财产对企业未清偿债务承担责任。换言之,无论是企业经营期间还是企业因各种原因而解散时,对经营中所产生的债务如不能以企业财产清偿,则投资人须以其个人所有的其他财产清偿。也就是说,个人独资企业债权人债权的实现在很大程度上依赖于投资人个人的信用和偿债能力。

3. 个人独资企业是非法人企业

个人独资企业是独立的民事主体,可以以自己的名义从事民事活动,但是其不具有法人资格,不能独立承担民事责任,即如上所述,投资人对企业的债务承担无限责任。

4. 内部机构设置简单,经营管理方式灵活

个人独资企业的投资人既可以是企业的所有者,又可以是企业的经营者,法律对其内部机构和经营管理无严格规定,因此,其内部机构设置较为简单,决策程序也较为灵活。

(二)个人独资企业法及立法状况

个人独资企业法,是指规范个人独资企业的组织形式及其变化、事务执行、权利义务等内容的法律规范的总称。个人独资企业法有广义和狭义之分。广义上是指家关于个人独资企业的各种法律规范的总称；狭义的是指 1999 年 8 月 30 日第九届全国人民代表大会常务委员会第十一次会议通过的《个人独资企业法》，该法共六章四十八条，自 2000 年 1 月 1 日起实施。

二、个人独资企业的设立

(一)个人独资企业的设立条件

①投资人为一个自然人，并且只能是中国公民。

②有合法的企业名称。名称是企业的标志，企业必须有相应的名称，并应符合法律、法规的要求。个人独资企业的名称应当符合名称登记管理的有关规定，并与其责任形式及从事的营业相符合，名称中不得使用"有限""有限责任"或者"公司"字样，可以叫做厂、店、部、中心、工作室等。

③有投资人申报的出资。《个人独资企业法》对设立个人独资企业的数额未做限制，只要求有申报的出资即可，这一规定与设立合伙企业、公司的规定不同，根据《合伙企业法》《公司法》的有关规定，设立合伙企业或者公司应当有投资人实际缴付的出资，需要提交验资证明或者出资权属证明文件，而设立个人独资企业不需要提交，登记机关对投资人申报的出资权属、出资数额和是否实际缴付等情况不予审查。设立个人独资企业可以用货币出资，也可以用实物、土地使用权、知识产权或者其他财产权利出资，采用货币以外的形式出资的，应将其折算成货币数额。投资人申报的出资数额应当与企业的生产经营规模相适应。投资人可以个人财产出资，也可以家庭共有财产出资。在申请企业设立登记时明确以其家庭共有财产作为个人出资的，应当依法以家庭共有财产对企业债务承担无限责任。

④有固定的生产经营场所和必要的生产经营条件。生产经营场所包括企业的住所和与生产经营相适应的处所。住所是企业主要办事机构所在地，是企业的法定地址。个人独资企业必须有固定的经营场所，这一点与个体工商户相区别，个体工商户的经营场所可以是固定的，也可以是流动的。必要的生产经营条件，一般包括与企业生产经营范围和规模相适应的必要的设备、设施，以及符合国家规定的安全、卫生的工作条件等。

⑤有必要的从业人员。即要有与其生产经营范围、规模相适应的从业人员，至于人数多少没有规定。这与个体工商户可以请的帮手人数及雇工 8 人以上的私营企业等规定不同。

(二)个人独资企业的设立程序

1. 提出申请

设立个人独资企业，应当由投资人或者其委托的代理人向个人独资企业所在地的登记机关提出设立申请，并应向登记机关提交下列文件：①投资人签署的申请书，设立申请书应当载明的事项有：企业的名称和住所、投资人的姓名和居所、投资人的出资额和出资方式、经营范围及方式等。②投资人身份证明，主要是身份证和其他有关证明材料。③生产经营场所使用证明，如房屋产权证、土地使用证明等。④委托代理人申请设立登记的，应当出具投资人的委托书和代理人的合法证明。

个人独资企业不得从事法律、行政法规禁止经营的业务；从事法律、行政法规规定须报经有关部门审批的业务，应当在申请设立登记时提交有关部门的批准文件。

2. 设立登记

工商登记机关应当在收到设立申请文件之日起 15 日内，对符合法律规定条件的予以登记，发给营业执照；对不符合《个人独资企业法》规定条件的，不予登记，并发给企业登记驳回通知书。个人独资企业的营业执照签发日期，为个人独资企业成立日期，在领取个人独资企业营业执照前，投资人不得以个人独资企业名义从事经营活动。

3. 分支机构的登记

个人独资企业设立分支机构，应当由投资人或者其委托的代理人向分支机构所在地的登记机关申请登记，领取营业执照。分支机构经核准登记后，应将登记情况报该分支机构隶属的个人独资企业的登记机关备案。

分支机构的民事责任由设立该分支机构的个人独资企业承担。

4. 变更登记

个人独资企业存续期间登记事项发生变更的，应当在作出变更决定之日起的 15 日内依法向登记机关申请办理变更登记。

三、个人独资企业的事务管理

我国《个人独资企业法》第 19 条规定了个人独资企业事务管理的方式：

自己管理。即个人独资企业投资人可以自行管理企业事务。

委托管理。即个人独资企业投资人可以委托或者聘用其他具有民事行为能力的人负责企业的事务管理。投资人委托或者聘用他人管理个人独资企业的事务，应当与委托人或者被聘用的人员签订书面合同，明确委托的具体内容和授予的权利范围。

投资人对受托人或者被聘用的人员职权的限制，不得对抗善意第三人。所谓第三人是指除受托人或者被聘用的人员以外与企业发生经济业务关系的人。所谓善意第三人是指第三人在就有关经济业务事项交往中，没有从事与受托人或者被聘用的人员串通，故意损害投资人利益的人。

受托人或者被聘用的人员应当履行诚信、勤勉义务。按照与投资人签订的合同负责个人独资企业的事务管理。投资人委托或者聘用的管理个人独资企业事务的人员不得有下列行为：①利用职务上的便利，索取或者收受贿赂；②利用职务或者工作上的便利侵占企业财产；③挪用企业的资金归个人使用或者借贷给他人；④擅自将企业资金以个人名义或者以他人名义开立账户储存；⑤擅自以企业财产提供担保；⑥未经投资人同意，从事与本企业相竞争的业务；⑦未经投资人同意，同本企业订立合同或者进行交易；⑧未经投资人同意，擅自将企业商标或者其他知识产权转让给他人使用；⑨泄露本企业的商业秘密；⑩法律、行政法规禁止的其他行为。

四、个人独资企业的权利和义务

(一)个人独资企业的权利

根据《个人独资企业法》的有关规定，个人独资企业享有以下权利：

1. 依法申请贷款

个人独资企业可以根据《商业银行法》《民法典》等有关法律的规定申请贷款，以供企业生产经营之用。

2. 依法取得土地使用权

个人独资企业可根据《土地管理法》《土地管理法实施细则》等规定取得土地使用权。

3. 拒绝摊派权

《个人独资企业法》第 25 条规定，任何单位和个人不得违反法律、行政法规的规定，以任何方式强制个人独资企业财力、物力、人力；对于违法强制提供财力、物力、人力的行为，个人独资企业有权拒绝。

4. 法律、行政法规规定的其他权利

个人独资企业除享有上述权利外，还依法享有十分广泛的权利。如取得专利权、商标权等。

(二)个人独资企业的义务

根据《个人独资企业法》的有关规定，个人独资企业的义务主要有：

①个人独资企业应当依法设置会计账簿，进行会计核算。

②个人独资企业应当依法招用职工，职工的合法权益受法律保护。《个人独资企业法》第 6 条明确规定了这一义务。个人独资企业应严格依照《劳动法》和《劳动合同法》的规定招用职工，与职工签订劳动合同，切实遵守劳动保护制度，维护职工的合法权益不受侵犯。个人独资企业职工依法建立工会，工会依法开展活动。

③个人独资企业应当按照国家规定参加社会保险，为职工缴纳社会保险费。

④个人独资企业应当依法履行纳税义务。依法纳税是每个公民和企业应尽的义务，《个人独资企业法》第4条第2款规定，个人独资企业应当依法履行纳税义务。值得注意的是，个人独资企业不需要缴纳企业所得税，而由投资人个人按照个人所得税的有关规定缴纳个人所得税。

⑤个人独资企业从事经营活动必须遵守法律、行政法规，遵守诚实信用原则，不得损害社会公共利益。《个人独资企业法》第4条第1款的规定，遵守法律、法规是每个企业应尽的义务；诚实信用原则是我国民事主体从事民事活动的基本原则，也是树立企业形象、维护正常的社会经济秩序所必需的；另外，个人独资企业在经营过程中还必须遵守社会公德，不得滥用权利，不得损害社会公共利益。

五、个人独资企业的解散和清算

（一）个人独资企业的解散

个人独资企业的解散是指个人独资企业终止经营活动并消灭民事主体资格的行为。我国《个人独资企业法》第26条规定，个人独资企业有下列情形之一的，应当解散：①投资人决定解散；②投资人死亡或者被宣告死亡，无继承人或者继承人决定放弃继承；③被依法吊销营业执照；④法律、行政法规规定的其他情形。

（二）个人独资企业的清算

个人独资企业解散的，应当进行清算。《个人独资企业法》对个人独资企业的清算规定如下：

1. 通知和公告债权人

《个人独资企业法》第27条规定，个人独资企业解散，由投资人自行清算或者由债权人申请人民法院指定清算人进行清算，投资人自行清算的，应当在清算前15日内书面通知债权人，无法通知的，应当予以公告。债权人应当在接到通知之日起30日内，未接到通知的应当在公告之日起60日内，向投资人申报其债权。

2. 财产清偿顺序

《个人独资企业法》第29条规定，个人独资企业解散的，财产应当按照下列顺序清偿：①所欠职工工资和社会保险费用；②所欠税款；③其他债务。个人独资企业的财产不足以清偿债务的，投资人应当以其个人的其他财产予以清偿。

清算期间，个人独资企业不得开展与清算目的无关的经营活动。在按前述财产清偿顺序清偿债务前，投资人不得转移、隐匿财产。《个人独资企业法》第 28 条规定，个人独资企业解散后，原投资人对个人独资企业存续期间的债务仍应承担偿还责任，但债权人在 5 年内未向债务人提出偿债请求的，该责任消灭。

3. 注销登记

个人独资企业清算结束后，投资人或者人民法院指定的清算人应当编制清算报告，并于 15 日内到登记机关办理注销登记。

第三节 合伙企业法

一、合伙企业的概述

(一)合伙企业的概念及特征

1. 合伙的概念

合伙，是指两个以上的合伙人为着共同的目的，按照合伙协议的约定共同出资、共同经营、共享收益、共担风险的自愿联合。

2. 合伙企业的概念

合伙企业，是指自然人、法人和其他组织依照《合伙企业法》在中国境内设立的普通合伙企业和有限合伙企业。

(二)合伙企业的分类

1. 普通合伙企业

由普通合伙人组成，合伙人对合伙企业债务承担无限连带责任。《合伙企业法》对普通合伙企业承担责任的形式有特别规定的，从其规定。

2. 有限合伙企业

有限合伙企业是指由普通合伙人和有限合伙人组成的合伙企业，其中由普通合伙人负责合伙企业的经营管理，并对合伙企业债务承担无限连带责任，而有限合伙人通常不负责合伙企业的经营管理，仅以其认缴的出资额为限对合伙企业债务承担有限责任。[1]

(三)合伙企业法的立法及适用范围

1. 合伙企业法的立法

---

[1] 李飞. 中华人民共和国合伙企业法释义[M]. 北京：法律出版社，2006：97.

合伙企业法有广义与狭义之分。狭义的合伙企业法，是指第八届全国人民代表大会常务委员会第二十四次会议于 1997 年 2 月通过的《中华人民共和国合伙企业法》(以下简称《合伙企业法》)，2006 年 8 月 27 日第十届全国人民代表大会常务委员会第二十三次会议修订，修订本自 2007 年 6 月 1 日起施行。广义上的合伙企业法，是指国家立法机关或者其他有权机关依法制定的、调整合伙企业合伙关系的各种法律规范的总称。即除了《合伙企业法》外，国家有关法律、行政法规和规章中关于合伙企业的法律规范，都属于合伙企业法的范畴。

2.《合伙企业法》的适用范围

关于《合伙企业法》的适用范围，有一个问题值得注意：采取合伙制的非企业专业服务机构的合伙人承担责任形式的法律适用问题。非企业专业服务机构是指不采取企业形式设立，不以营利为目的，以自己专业知识为社会提供服务的组织，如律师事务所、会计师事务所。其合伙人承担责任的形式可以适用《合伙企业法》关于特殊的普通合伙企业合伙人承担责任的规定。

二、普通合伙企业

(一)普通合伙企业的概念与特征

普通合伙企业，是指由普通合伙人组成，合伙人对合伙企业债务依《合伙企业法》规定承担无限连带责任的一种合伙企业。它具有以下特点：

(1)由普通合伙人组成

所谓普通合伙人，是指在合伙企业中对合伙企业的债务依法承担无限连带责任的自然人、法人和其他组织。

(2)合伙人对合伙企业债务依法承担无限连带责任

所谓无限连带责任，包括两个方面：一是无限责任，即当合伙企业的财产不足以清偿债务时，合伙人要以自己的财产对债权人承担清偿责任。二是连带责任，即对于合伙企业的债务，每一个合伙人都有责任向债权人全部偿还，不论其在合伙协议中所承担的比例如何。

(二)普通合伙企业的设立

1. 有两个或两个以上的合伙人

合伙人可以是自然人，也可以是法人或非法人组织。自然人是指具有完全民事行为能力的自然人，法律、行政法规禁止从事营利性活动的自然人(如公务员等)成为合伙企业的合伙人。《合伙企业法》对法人和非法人组织作为合伙人的资格条件没有特殊的要求，但是国有独资公司、国有企业、上市公司以及公益性的事业单位、社会团体不得成为普通合伙人。

2. 有各合伙人签订的书面合伙协议

合伙协议是合伙企业的法律基础。因此，要设立合伙企业，各合伙人应在协商一致的基础上签订书面的合伙协议。合伙协议是合伙企业设立及确定合伙人权利义务的重要依据，应当载明下列事项：①合伙企业的名称和主要经营场所的地点；②合伙目的和合伙经营范围；③合伙人的姓名或者名称住所；④合伙人的出资方式、数额和缴付期限；⑤利润分配、亏损分担方式；⑥合伙事务的执行；⑦入伙与退伙；⑧争议解决办法；⑨合伙企业的解散与清算；⑩违约责任。合伙协议须经全体合伙人的签名、盖章方能生效。修改或者补充合伙协议，应当经全体合伙人一致同意，但合伙协议另有约定的除外。合伙协议未约定或者约定不明确的事项，由合伙人协商决定；协商不成的，依照本法和其他有关法律、行政法规的规定处理。

3. 有各合伙人实际缴付的出资

合伙人应当按照合伙协议约定的出资方式、数额和缴付期限，履行出资义务。合伙人可以用货币、实物、知识产权、土地使用权或者其他财产权利出资，也可以用劳务出资。合伙人用货币、实物、知识产权、土地使用权或者其他财产权利出资，需要评估作价的，可以由全体合伙人协商确定，也可以由全体合伙人委托法定评估机构评估。合伙人以劳务出资的，其评估办法由全体合伙人协商确定，并在合伙协议中载明。合伙人以非货币财产出资的，依照法律、行政法规的规定，需要办理财产权转移手续的，应当依法办理。

4. 有合伙企业的名称和生产经营场所

合伙企业应当在其名称中标明"普通合伙"字样，其中，特殊的普通合伙企业，应当在其名称中标明"特殊普通合伙"字样，并符合国家有关企业名称登记管理的规定。合伙企业的经营场所决定合伙企业的住所，是确定合伙企业债务的履行地，诉讼管辖地和法律文书送达地的重要依据。经企业登记管理机关登记的合伙企业主要经营场所只能有一个，并且应当在其企业登记机关登记管辖区域内。

5. 法律、行政法规规定的其他条件

这是一条关于设立合伙企业条件的"兜底"规定，主要是为了与其他法律、行政法规的规定相衔接。例如根据《外商投资法》第31条规定，外商投资企业的形式、组织机构及其活动准则，适用《公司法》《合伙企业法》等法律的规定。

(三)设立登记

1. 登记与备案事项

合伙企业应当向登记机关登记以下事项：①名称；②合伙类型；③经营范围；④主要

经营场所；⑤合伙人的出资额；⑥执行事务合伙人；⑦合伙人名称或者姓名、住所、承担责任方式；⑧法律、行政法规规定的其他事项。

合伙企业还应当向登记机关备案以下事项：①合伙协议；②合伙期限；③合伙人认缴或者实际缴付的出资额、缴付期限和出资方式；④合伙企业登记联络员；⑤合伙企业受益所有人(即最终控制或享有企业收益的人)相关信息；⑥法律、行政法规规定的其他事项。

2. 材料提交及审查

合伙企业申请办理登记，应当提交下列材料：①申请书；②申请人资格文件、自然人身份证明；③合伙企业主要经营场所相关文件；④合伙协议；⑤法律、行政法规和国务院市场监督管理部门规定提交的其他材料。申请人可以委托其他自然人或者中介机构代其办理合伙企业登记。

登记机关应当对申请材料进行形式审查。登记申请不符合法律、行政法规规定，或者可能危害国家安全、社会公共利益的，登记机关不予登记并说明理由。申请人申请合伙企业设立登记，登记机关依法予以登记的，签发营业执照。营业执照签发日期，为合伙企业成立日期。法律、行政法规或者国务院规定设立合伙企业须经批准的，应当在批准文件有效期内向登记机关申请登记。合伙企业设立分支机构，应当向分支机构所在地的登记机关申请登记。

(四)普通合伙企业的财产

1. 合伙企业财产的构成

根据《合伙企业法》的规定，合伙企业的财产由合伙人的出资、以合伙企业名义取得的收益和依法取得的其他财产三部分构成。

(1)合伙人的出资

《合伙企业法》规定，合伙人可以用货币、实物、知识产权、土地使用权或者其他财产权利出资，也可以用劳务出资。这些出资形成合伙企业的原始财产。

(2)以合伙企业名义取得的收益

合伙企业作为一个独立的经济实体，可以有自己的独立利益，因此，以其名义取得的营业收入、投资收益等财产，归属于合伙企业，成为合伙财产的一部分。

(3)依法取得的其他财产

即根据法律、行政法规的规定合法取得的其他财产，如合法接受的赠与财产、因遭受侵权而获得的赔偿金等。

2. 合伙企业财产的性质

(1)独立性

合伙企业的财产独立于合伙人。合伙人缴纳出资以后，便丧失了对其作为出资部分的财产所有权或者持有权、占有权。合伙企业的财产权主体是合伙企业，而不是单独的每一个合伙人。

（2）整体性

合伙企业的财产作为一个完整的统一体而存在，合伙人对合伙企业财产权益的表现形式，仅是依照合伙协议所确定的财产收益份额或者比例。

根据《合伙企业法》规定，合伙人在合伙企业清算前，不得请求分割合伙企业的财产；但是，法律另有规定的除外。合伙人在合伙企业清算前私自转移或者处分合伙企业财产的，合伙企业不得以此对抗善意第三人。此种情况下，合伙企业只能向合伙人主张权利，要求退回私自转移或者处分的合伙企业财产并赔偿损失，而不能向善意第三人追索。

3. 合伙企业财产份额的转让

合伙企业财产份额的转让，是指合伙企业的合伙人向他人转让其在合伙企业中的全部或部分财产份额的行为。合伙人财产份额的转让将会影响到合伙企业以及各合伙人的切身利益，因此《合伙企业法》对合伙人财产份额的转让作了以下限制性规定：

（1）内部转让

所谓合伙人财产份额的内部转让，是指合伙人将其在合伙企业中的全部或者部分财产份额转让给其他合伙人的行为。合伙人财产份额的内部转让因不涉及合伙人以外的人参加，合伙企业的存续基础没有发生实质性变更，因此，《合伙企业法》规定，合伙人之间转让其在合伙企业中的全部或者部分财产份额时，应当通知其他合伙人。

（2）外部转让

所谓合伙人财产份额的外部转让，是指合伙人将其在合伙企业中的全部或者部分财产份额转让给合伙人以外的第三人的行为。《合伙企业法》进行了限制规定：

①除合伙协议另有约定外，合伙人向合伙人以外的人转让其在合伙企业中的全部或者部分财产份额时，须经其他合伙人一致同意。合伙人财产份额的外部转让，只有经其他合伙人一致同意，才能表明其他合伙人同意与受让人共同维持原合伙企业，合伙企业才能存续下去。

②合伙人向合伙人以外的人转让其在合伙企业中的财产份额的，在同等条件下，其他合伙人有优先购买权；但是，合伙协议另有约定的除外。所谓优先购买权，是指在合伙人转让其财产份额时，在非合伙人的第三人接受转让的情况下，其他合伙人基于同等条件可优先于第三人购买的权利。

上述两个限制性条件，是在合伙协议没有约定的情况下才有法律效力，如果合伙协议有另外的约定，如合伙协议约定，合伙人向合伙人以外的人转让其在合伙企业中的全部或者部分份额时，无须经过其他合伙人一致同意，三分之二以上合伙人同意即可，同等条件下，其他合伙人没有优先购买权，则应执行合伙协议的规定。

合伙人以外的人依法受让合伙人在合伙企业中的财产份额的，经修改合伙协议即成为合伙企业的合伙人，依照《合伙企业法》和修改后的合伙协议享有权利，履行义务。

4. 合伙企业财产份额的出质

合伙企业财产份额的出质，是指合伙人将其在合伙企业中的财产份额作为质押物来担保债权人债权实现的行为。合伙人以其在合伙企业中的财产份额出质的，须经其他合伙人一致同意；未经其他合伙人一致同意，其行为无效，由此给善意第三人造成损失的，由行为人依法承担赔偿责任。

（五）普通合伙企业事务的执行

1. 合伙事务执行的形式

根据《合伙企业法》的规定，合伙人执行合伙企业事务，可以有以下两种形式：

（1）全体合伙人共同执行合伙事务

这是合伙事务执行的基本形式，也是在合伙企业中经常使用的一种形式，尤其是在合伙人较少的情况下更为适宜。合伙协议未约定或者全体合伙人未决定合伙事务执行人的，全体合伙人均为执行事务合伙人。在采取这种形式的合伙企业中，按照合伙协议的约定，各个合伙人都直接参与经营，处理合伙企业的事务，对外代表合伙企业。

（2）委托一个或者数个合伙人执行合伙事务

在合伙企业中，有权执行合伙事务的合伙人并不都愿意行使这种权利。按照合伙协议的约定或者经全体合伙人决定，可以委托一个或者数个合伙人对外代表合伙企业，执行合伙事务。《合伙企业法》第27条明确规定，委托一个或者数个合伙人执行合伙事务的，其他合伙人不再执行合伙事务。这一规定主要是考虑到按照合伙协议的约定或者经全体合伙人决定，将合伙事务委托给部分合伙人执行，没有必要再由其他合伙人执行，否则容易引起矛盾与冲突。

合伙人可以将合伙事务委托一个或者数个合伙人执行，但并非所有的合伙事务都可以委托给部分合伙人决定。根据《合伙企业法》的规定，除合伙协议另有约定外，合伙企业的下列事项应当经全体合伙人一致同意：①改变合伙企业的名称；②改变合伙企业的经营范围、主要经营场所的地点；③处分合伙企业的不动产；④转让或者处分合伙企业的知识产权和其他财产权利；⑤以合伙企业名义为他人提供担保；⑥聘任合伙人以外的人担任合伙企业的经营管理人员。合伙人对《合伙企业法》规定或者合伙协议约定必须经全体合伙人一致同意才能执行的事务擅自处理，给合伙企业或者其他合伙人造成损失的，依法承担赔偿责任。

2. 合伙人在执行合伙事务中的权利和义务

（1）合伙人在执行合伙事务中的权利

根据《合伙企业法》的规定，合伙人在执行合伙事务中的权利主要包括以下内容：

①合伙人对执行合伙事务享有同等的权利。合伙企业中各个合伙人的地位是平等的，无论其出资多少，都有权平等享有执行合伙企业事务的权利。

②执行合伙事务的合伙人对外代表合伙企业。合伙人在代表合伙企业执行事务时是以合伙企业事务执行人的身份进行的。合伙企业事务执行人与代理人不同，代理人代理权源于被代理人的授权；而合伙企业事务执行人的权利来自法律的直接规定。合伙企业事务执行人与法人的法定代表人也不同，法定代表人是法律规定的经过一定登记手续而产生的法人单位的代表，他不一定是该法人单位的出资者；而合伙企业事务执行人则是因其出资行为取得合伙人身份，并可以对外代表合伙企业。由于法人和其他组织可以参与合伙，《合伙企业法》第 26 条规定，作为合伙人的法人、其他组织执行合伙企业事务的，由其委托的代表执行。

③不执行合伙事务的合伙人的监督权利。《合伙企业法》第 27 条规定，不执行合伙事务的合伙人有权监督执行事务合伙人执行合伙事务的情况。这有利于维护全体合伙人的共同利益，同时也可以促进合伙事务执行人更加认真谨慎地处理合伙企业事务。

④合伙人有查阅合伙企业会计账簿等财务资料的权利。每个合伙人都有权利而且有责任关心、了解合伙企业的全部经营活动。因此，查阅合伙企业会计账簿等财务资料，作为了解合伙企业经营状况和财务状况的有效手段，成为合伙人的一项重要权利。

⑤合伙人有提出异议的权利和撤销委托的权利。由于执行合伙事务的合伙人的行为所产生的亏损和责任要由全体合伙人承担，因此，《合伙企业法》规定，合伙人分别执行合伙事务的，执行事务合伙人可以对其他合伙人执行的事务提出异议。提出异议时，应当暂停该项事务的执行。如果发生争议，依照合伙企业有关事务表决办法作出决定。受委托执行合伙事务的合伙人不按照合伙协议或者全体合伙人的决定执行事务的，其他合伙人可以决定撤销该委托。

（2）合伙人在执行合伙事务中的义务

根据《合伙企业法》的规定，合伙人在执行合伙事务中的义务主要包括以下内容：

①合伙事务执行人向不参加执行事务的合伙人报告企业的经营状况和财务状况。《合伙企业法》第 28 条规定，由一个或者数个合伙人执行合伙事务的，执行事务合伙人应当定期向其他合伙人报告事务执行情况以及合伙企业的经营状况和财务状况，其执行合伙事务所产生的收益归合伙企业，所产生的费用和亏损由合伙企业承担。

②合伙人不得自营或者同他人合作经营与本合伙企业相竞争的业务。各合伙人组建合伙企业是为了合伙经营、共享收益，如果某一合伙人自己从事或者与他人合作从事与合伙企业相竞争的业务，势必影响合伙企业的利益，背离合伙的初衷；同时还可能形成不正当竞争，使合伙企业处于不利地位，损害其他合伙人的利益。因此，《合伙企业法》第32条规定，合伙人不得自营或者同他人合作经营与本合伙企业相竞争的业务。合伙人违反《合伙企业法》规定或者合伙协议的约定，从事与本合伙企业相竞争业务的，该收益归合伙企业所有；给合伙企业或者其他合伙人造成损失的，依法承担赔偿责任。

③合伙人不得同本合伙企业进行交易。合伙企业中每一个合伙人都是合伙企业的投资者，如果自己与合伙企业交易，就包含与自己交易，也包含与别的合伙人交易，而这种交易极易损害合伙企业利益。因此，《合伙企业法》第33条规定，除合伙协议另有约定或者经全体合伙人一致同意外，合伙人不得同本合伙企业进行交易。合伙人违反《合伙企业法》的规定或者合伙协议的约定，与本合伙企业进行交易的，该收益归合伙企业所有；给合伙企业或者其他合伙人造成损失的，依法承担赔偿责任。

④合伙人不得从事损害本合伙企业利益的活动。合伙人在执行合伙事务的过程中，不得为了自己的私利，坑害其他合伙人的利益，也不得与其他人恶意串通，损害合伙企业的利益。《合伙企业法》第96条规定，合伙人执行合伙事务，或者合伙企业从业人员利用职务上的便利，将应当归合伙企业的利益据为己有的，或者采取其他手段侵占合伙企业财产的，应当将该利益和财产退还合伙企业；给合伙企业或者其他合伙人造成损失的，依法承担赔偿责任。

3. 合伙事务执行的决议办法

《合伙企业法》规定，合伙人对合伙企业有关事项作出决议，按照合伙协议约定的表决办法办理。合伙协议未约定或者约定不明确的，实行合伙人一人一票并经全体合伙人过半数通过的表决办法。《合伙企业法》对合伙企业的表决办法另有规定的，从其规定。这一规定确定了合伙事务执行决议的三种办法：

①由合伙协议对决议办法作出约定。此约定不得与法律相抵触，即法律有规定的按照法律的规定执行，法律未作规定的可由全体合伙人在合伙协议中进行约定。

②实行合伙人一人一票并经全体合伙人过半数通过的表决办法。在合伙协议未约定或者约定不明确的，实行合伙人一人一票并经全体合伙人过半数通过的表决办法。需要注意的是，每一个合伙人对合伙企业有关事项均有同等的表决权，无论出资多少和以何物出资，表决权数应以合伙人的人数为准。

③依照《合伙企业法》的规定作出决议。即法律对相关事项作出了明确规定，应按照法律规定进行决议。如《合伙企业法》第31条规定，处分合伙企业的不动产、改变合伙企业

的名称等，除合伙协议另有约定外，应当经全体合伙人一致同意。

4. 合伙企业的损益分配

（1）合伙损益

合伙损益包括两方面的内容：一是合伙利润。合伙利润，是指以合伙企业的名义所取得的经济利益。二是合伙亏损。合伙亏损，是指以合伙企业的名义从事经营活动所形成的亏损（亏损即利润为负数的状态）。

（2）合伙损益分配原则

合伙损益分配包含合伙企业的利润分配与亏损分担两个方面，对合伙损益分配原则，《合伙企业法》作了原则规定，主要内容为：

①合伙企业的利润分配与亏损分担，按照合伙协议的约定办理；

②合伙协议未约定或者约定不明确的，由合伙人协商决定；

③协商不成的，由合伙人按照实缴出资比例分配、分担；

④无法确定出资比例的，由合伙人平均分配、分担；

⑤合伙协议不得约定将全部利润分配给部分合伙人或者由部分合伙人承担全部亏损。

这一规定体现了合伙人应当共同承担企业经营风险的原则。

5. 非合伙人参与经营管理

在合伙企业中，往往由于合伙人经营管理能力不足，需要在合伙人之外聘任非合伙人担任合伙企业的经营管理人员，参与合伙企业的经营管理工作。《合伙企业法》第31条规定，除合伙协议另有约定外，经全体合伙人一致同意，可以聘任合伙人以外的人担任合伙企业的经营管理人员。这项法律规定表明了以下三层含义：①合伙企业可以从合伙人之外聘任经营管理人员；②聘任非合伙人的经营管理人员，除合伙协议另有约定外，应当经全体合伙人一致同意；③被聘任的经营管理人员，仅是合伙企业的经营管理人员，不是合伙企业的合伙人，因而不具有合伙人的资格。

关于被聘任的经营管理人员的职责，《合伙企业法》作了明确规定：①被聘任的合伙企业的经营管理人员应当在合伙企业授权范围内履行职务；②被聘任的合伙企业的经营管理人员超越合伙企业授权范围履行职务的，或者在履行职务过程中因故意或者重大过失给合伙企业造成损失的，依法承担赔偿责任。

（六）普通合伙企业与第三人的关系

普通合伙企业与第三人的关系，是指有关合伙企业的对外关系，涉及合伙企业对外代表权的效力、合伙企业和合伙人的债务清偿。

1. 合伙企业对外代表权的效力

（1）合伙企业与第三人的关系

合伙企业与第三人的关系，是指合伙企业的外部关系，即合伙企业与合伙人以外的第三人的关系。

（2）合伙事务执行中的对外代表权

对外代表全部合伙人，主要有三种情况：①由全体合伙人共同执行合伙企业事务的，全体合伙人都有权对外代表合伙企业；②由部分合伙人执行合伙企业事务的，只有受委托执行合伙企业事务的那一部分合伙人有权对外代表合伙企业；③因特别授权在单项合伙事务上有执行权的合伙人，依照授权范围可以对外代表合伙企业。

（3）合伙企业对外代表权的限制

合伙人执行合伙事务的权利和对外代表合伙企业的权利，都会受到一定的内部限制。如果这种内部限制对第三人发生效力，必须以第三人知道这一情况为条件，否则，该内部限制不对该第三人发生抗辩力。《合伙企业法》规定，合伙企业对合伙人执行合伙事务以及对外代表合伙企业权利的限制，不得对抗善意第三人。这里的"善意第三人"，是指不知道且没有理由知道合伙企业所作的内部限制，本着合法交易的目的，诚实地通过合伙企业的事务执行人，与合伙企业之间建立民事、商事法律关系的法人、非法人团体或自然人。如果第三人与合伙企业事务执行人恶意串通、损害合伙企业利益，则不属于善意的情形。保护善意第三人的利益是为了维护经济往来的交易安全，这是一项被广泛认同的法律原则。

2. 合伙企业和合伙人的债务清偿

（1）合伙企业的债务清偿与合伙人的关系

①合伙企业财产应当率先用于清偿合伙企业债务。合伙企业的债务，是指在合伙企业存续期间产生的债务。《合伙企业法》规定，合伙企业对其债务，应当以其全部财产进行清偿。

②合伙人的无限连带清偿责任。《合伙企业法》规定，合伙企业不能清偿到期债务的，合伙人承担无限连带责任。

③合伙人之间的债务分担和追偿。《合伙企业法》规定，合伙人由于承担无限连带责任，清偿数额超过规定的亏损分担比例的，有权向其他合伙人追偿。

（2）合伙人的债务清偿与合伙企业的关系

在合伙企业存续期间，可能发生个别合伙人因不能偿还其私人债务而被追索的情况。合伙人的债权人可能就合伙人在合伙企业中的财产权益而向合伙企业提出各种清偿请求。基于此，《合伙企业法》作了如下规定：

①合伙人发生与合伙企业无关的债务，相关债权人不得以其债权抵销其对合伙企业的债务。合伙企业的财产是独立的，如果允许抵销，实际上相当于强迫合伙企业对其个别合

伙人的个人债务承担责任，也不符合债务抵销的适用条件（即两方当事人互负债务）。

②合伙人发生的与合伙企业无关的债务，相关债权人不得代位行使合伙人在合伙企业中的权利。这是因为合伙人之间的相互了解和信任是合伙关系稳定的基础，如果允许个别合伙人的债权人代位行使该合伙人在合伙企业中的权利，参与管理权、事务执行权，则不利于合伙关系的稳定和合伙企业的正常运营。

③合伙人的自有财产不足清偿其与合伙企业无关的债务的，该合伙人可以以其从合伙企业中分取的收益用于清偿；债权人也可以依法请求人民法院强制执行该合伙人在合伙企业中的财产份额用于清偿。这既保护了债权人的清偿利益，也无损于全体合伙人的合法权益。

人民法院强制执行合伙人的财产份额时，应当通知全体合伙人，其他合伙人有优先购买权。其他合伙人未购买，又不同意将该财产份额转让给他人的，依照《合伙企业法》的规定为该合伙人办理退伙结算，或者办理削减该合伙人相应财产份额的结算。

（七）入伙和退伙

1. 入伙

入伙，是指在合伙企业存续期间，合伙人以外的第三人加入合伙，从而取得合伙人资格。

（1）入伙的条件和程序

《合伙企业法》第43条规定，新合伙人入伙，除合伙协议另有约定外，应当经全体合伙人一致同意，并依法订立书面入伙协议。订立入伙协议时，原合伙人应当向新合伙人如实告知原合伙企业的经营状况和财务状况。这一规定包括三层含义：一是新合伙人入伙，如果合伙协议没有另外约定，应当经全体合伙人一致同意。如果合伙协议对新合伙人入伙约定了相应的条件，则必须按照约定执行。二是新合伙人入伙，应当依法订立书面的入伙协议，入伙协议应当以原合伙协议为基础，并对原合伙协议事项作相应变更，订立入伙协议不得违反公平原则、诚实信用原则。三是订立入伙协议时，原合伙人应当向新合伙人如实告知原合伙企业的经营状况和财务状况。如果原合伙人没有履行如实告知义务，那么，新合伙人是有理由主张自己受到欺诈，进而请求人民法院或仲裁机构撤销入伙协议。

（2）新合伙人的权利和责任

入伙的新合伙人与原合伙人享有同等权利，承担同等责任。但是，如果原合伙人愿意以更优越的条件吸引新合伙人入伙，或者新合伙人愿意以较为不利的条件入伙，也可以在入伙协议中另行约定。关于新入伙人对入伙前合伙企业的债务承担问题，《合伙企业法》第44条规定，新合伙人对入伙前合伙企业的债务承担无限连带责任。

2. 退伙

退伙，是指合伙人退出合伙企业，从而丧失合伙人资格。

(1)退伙的原因

合伙人退伙一般有两种原因：一是自愿退伙；二是强制退伙。

自愿退伙，是指合伙人基于自愿的意思表示而退伙。自愿退伙可以分为协议退伙和通知退伙两种。

关于协议退伙，《合伙企业法》第45条规定，合伙协议约定合伙期限的，在合伙企业存续期间，有下列情形之一的，合伙人可以退伙：①合伙协议约定的退伙事由出现；②经全体合伙人一致同意；③发生合伙人难以继续参加合伙的事由；④其他合伙人严重违反合伙协议约定的义务。合伙人违反上述规定退伙的，应当赔偿由此给合伙企业造成的损失。

关于通知退伙，《合伙企业法》第46条规定，合伙协议未约定合伙期限的，合伙人在不给合伙企业事务执行造成不利影响的情况下，可以退伙，但应当提前30日通知其他合伙人。由此可见，法律对通知退伙有一定的限制，即附有以下三项条件：①必须是合伙协议未约定合伙企业的经营期限；②必须是合伙人的退伙不给合伙企业事务执行造成不利影响；③必须提前30日通知其他合伙人。这三项条件必须同时具备，缺一不可。合伙人违反上述规定退伙的，应当赔偿由此给合伙企业造成的损失。

强制退伙，是指合伙人因出现法律规定的事由而退伙，不以合伙人同意为条件。强制退伙分为当然退伙和除名退伙两类。

关于当然退伙，《合伙企业法》第48条规定，合伙人有下列情形之一的，当然退伙：①作为合伙人的自然人死亡或者被依法宣告死亡；②个人丧失偿债能力；③作为合伙人的法人或者其他组织依法被吊销营业执照、责令关闭、撤销或者被宣告破产；④法律规定或者合伙协议约定合伙人必须具有相关资格而丧失该资格；⑤合伙人在合伙企业中的全部财产份额被人民法院强制执行。此外，合伙人被依法认定为无民事行为能力人或者限制民事行为能力人的，经其他合伙人一致同意，可以依法转为有限合伙人，普通合伙企业依法转为有限合伙企业。其他合伙人未能一致同意的，该无民事行为能力或者限制民事行为能力的合伙人退伙。当然退伙以退伙事由实际发生之日为退伙生效日。

关于除名退伙，《合伙企业法》第49条规定，合伙人有下列情形之一的，经其他合伙人一致同意，可以决议将其除名：①未履行出资义务；②因故意或者重大过失给合伙企业造成损失；③执行合伙事务时有不正当行为；④发生合伙协议约定的事由。对合伙人的除名决议应当书面通知被除名人。被除名人接到除名通知之日，除名生效，被除名人退伙。被除名人对除名决议有异议的，可以自接到除名通知之日起30日内向人民法院起诉。

(2)退伙的效果

退伙的效果，是指退伙时退伙人在合伙企业中的财产份额和民事责任的归属变动。分为两类情况：一是财产继承；二是退伙结算。

关于财产继承，《合伙企业法》第50条规定，合伙人死亡或者被依法宣告死亡的，对该合伙人在合伙企业中的财产份额享有合法继承权的继承人，按照合伙协议的约定或者经全体合伙人一致同意，从继承开始之日起，取得该合伙企业的合伙人资格。根据这一法律规定，合伙人死亡时其继承人取得该合伙企业的合伙人资格，需要具备以下条件：一是有合法继承权；二是有合伙协议的约定或者全体合伙人的一致同意；三是继承人愿意。死亡的合伙人的继承人取得该合伙企业的合伙人资格，从继承开始之日起获得。若有数个继承人，数人只能作为一个整体继承被继承人的合伙份额，否则就会破坏合伙企业原有的结构。同时，《合伙企业法》规定，有下列情形之一的，合伙企业应当向合伙人的继承人退还被继承合伙人的财产份额：①继承人不愿意成为合伙人；②法律规定或者合伙协议约定合伙人必须具有相关资格，而该继承人未取得该资格；③合伙协议约定不能成为合伙人的其他情形。合伙人的继承人为无民事行为能力人或者限制民事行为能力人的，经全体合伙人一致同意，可以依法成为有限合伙人，普通合伙企业依法转为有限合伙企业。全体合伙人未能一致同意的，合伙企业应当将被继承合伙人的财产份额退还该继承人。

关于退伙结算，除合伙人死亡或者被依法宣告死亡的情形外，《合伙企业法》第42条对退伙结算作了以下规定：①合伙人退伙，其他合伙人应当与该退伙人按照退伙时的合伙企业财产状况进行结算，退还退伙人的财产份额。退伙人对给合伙企业造成的损失负有赔偿责任的，相应扣减其应当赔偿的数额。退伙时有未了结的合伙企业事务的，待该事务了结后进行结算。②退伙人在合伙企业中财产份额的退还办法，由合伙协议约定或者由全体合伙人决定，可以退还货币，也可以退还实物。③合伙人退伙时，合伙企业财产少于合伙企业债务的，退伙人应当依照法律规定分担亏损，即如果合伙协议约定亏损分担比例的，按照合伙协议的约定办理；合伙协议未约定或者约定不明确的，由合伙人协商决定；协商不成的，由合伙人按照实缴出资比例分担；无法确定出资比例的，由合伙人平均分担。

合伙人退伙以后，并不能解除对于合伙企业既往债务的连带责任，退伙人对基于其退伙前的原因发生的合伙企业债务，承担无限连带责任。

三、特殊的普通合伙企业

(一)特殊的普通合伙企业的概念

特殊的普通合伙企业，通常是以专业知识和专门技能为客户提供有偿服务的专业服务机构，此种合伙企业合伙人责任分担的方式不同于一般的普通合伙企业。特殊的普通合伙企业名称中应当标明"特殊普通合伙"字样。

(二)特殊的普通合伙企业的责任形式

(1)责任承担

《合伙企业法》第57条规定，一个合伙人或者数个合伙人在执业活动中因故意或者重大过失造成合伙企业债务的，应当承担无限责任或者无限连带责任，其他合伙人以其在合伙企业中的财产份额为限承担责任。合伙人在执业活动中非因故意或者重大过失造成的合伙企业债务以及合伙企业的其他债务，由全体合伙人承担无限连带责任。所谓重大过失，是指明知可能造成损失而轻率地作为或者不作为。根据这一法律规定，特殊的普通合伙企业的责任形式分为两类：

①有限责任与无限连带责任相结合。即一个合伙人或者数个合伙人在执业活动中因故意或者重大过失造成合伙企业债务的，应当承担无限责任或者无限连带责任，其他合伙人以其在合伙企业中的财产份额为限承担责任。由于特殊的普通合伙企业的特殊性，为了保证特殊的普通合伙企业的健康发展，必须对合伙人的责任形式予以改变。因此，对一个合伙人或者数个合伙人在执业活动中的故意或者重大过失行为应与其他合伙人区别对待，对于负有重大责任的合伙人应当承担无限责任或者无限连带责任，其他合伙人只以其在合伙企业中的财产份额为限承担责任。这也符合公平、公正原则。如果不分清责任，简单地归责于无限连带责任或者有限责任，不但对其他合伙人不公平，而且债权人的利益也难以得到保障。

②无限连带责任。对合伙人在执业活动中非因故意或者重大过失造成的合伙企业债务以及合伙企业的其他债务，全体合伙人承担无限连带责任。这种责任承担方式跟一般的普通合伙企业相同。这是在责任划分的基础上作出的合理性规定，以最大限度地实现公平、正义和保障债权人的合法权益。

(2)责任追偿

《合伙企业法》第58条规定，合伙人执业活动中因故意或者重大过失造成的合伙企业债务，以合伙企业财产对外承担责任后，该合伙人应当按照合伙协议的约定对给合伙企业造成的损失承担赔偿责任。

(三)特殊的普通合伙企业的执业风险防范

特殊的普通合伙企业应当建立执业风险基金、办理职业保险。执业风险基金，主要是指为了化解经营风险，特殊的普通合伙企业从其经营收益中提取相应比例的资金，用于偿付合伙人执业活动造成的债务。执业风险基金应当单独立户管理。职业保险，又称职业责任保险，是指承保各种专业技术人员因工作上的过失或者疏忽大意所造成的合同一方或者他人的人身伤害或者财产损失的经济赔偿责任的保险。

四、有限合伙企业

（一）有限合伙企业的概念及法律适用

1. 有限合伙企业的概念

有限合伙企业，是指由有限合伙人和普通合伙人共同组成，普通合伙人对合伙企业债务承担无限连带责任，有限合伙人以其认缴的出资额为限对合伙企业债务承担责任的合伙组织。

我国《合伙企业法》2006 年修订时引进有限合伙企业，引入有限责任制度，有利于调动各方的投资热情，实现投资者与创业者的最佳结合，也为发展风险投资提供了一种更实用的组织形式。

2. 有限合伙企业的法律适用

《合伙企业法》第 60 条规定，有限合伙企业及其合伙人适用有限合伙企业的法律规定；未作规定的，适用《合伙企业法》关于普通合伙企业及其合伙人的一般规定。

本部分主要介绍有限合伙企业的有关特殊规定。

（二）有限合伙企业设立的特殊规定

1. 有限合伙企业人数

《合伙企业法》第 61 条规定，有限合伙企业由二个以上五十个以下合伙人设立；但是，法律另有规定的除外。有限合伙企业至少应当有一个普通合伙人。按照规定，自然人、法人和其他组织可以依照法律规定设立有限合伙企业，但国有独资公司、国有企业、上市公司以及公益性的事业单位、社会团体不得成为有限合伙企业的普通合伙人。

2. 有限合伙企业名称

《合伙企业法》第 62 条规定，有限合伙企业名称中应当标明"有限合伙"字样。按照企业名称登记管理的有关规定，企业名称中应当含有企业的组织形式。为便于社会公众以及交易相对人对有限合伙企业的了解，有限合伙企业名称中应当标明"有限合伙"的字样，而不能标明"普通合伙""特殊普通合伙""有限公司""有限责任公司"等字样。

3. 有限合伙企业协议

有限合伙企业协议是有限合伙企业生产经营的重要法律文件。有限合伙企业协议除符合普通合伙企业合伙协议的规定外，还应当载明下列事项：①普通合伙人和有限合伙人的姓名或者名称、住所；②执行事务合伙人应具备的条件和选择程序；③执行事务合伙人权限与违约处理办法；④执行事务合伙人的除名条件和更换程序；⑤有限合伙人入伙、退伙的条件、程序以及相关责任；⑥有限合伙人和普通合伙人相互转变程序。

4. 有限合伙人出资形式

《合伙企业法》第 64 条规定，有限合伙人可以用货币、实物、知识产权、土地使用权或者其他财产权利作价出资。有限合伙人不得以劳务出资。劳务出资的实质是用未来劳动创造的收入来投资，其难以通过市场变现，法律上执行困难。如果普通合伙人用劳务出资，有限合伙人也用劳务出资，该有限合伙企业将难以承担债务责任，不利于保护债权人的利益。

5. 有限合伙人出资义务

《合伙企业法》第 65 条规定，有限合伙人应当按照合伙协议的约定按期足额缴纳出资；未按期足额缴纳的，应当承担补缴义务，并对其他合伙人承担违约责任。按期足额出资是有限合伙人必须履行的义务。

6. 有限合伙企业登记事项

《合伙企业法》第 66 条规定，有限合伙企业登记事项中应当载明有限合伙人的姓名或者名称及认缴的出资数额。

(三)有限合伙企业事务执行和利益分配的特殊规定

有限合伙企业与普通合伙企业不同，由两类合伙人组成：普通合伙人执行合伙事务，承担无限连带责任；有限合伙人不执行合伙事务，仅承担有限责任。可见，有限合伙人只是一种不参与具体管理事务的财务投资者。

1. 有限合伙企业事务执行人

《合伙企业法》第 67 条规定，有限合伙企业由普通合伙人执行合伙事务。执行事务合伙人可以要求在合伙协议中确定执行事务的报酬及报酬提取方式。合伙事务执行人除享有与一般合伙人相同的权利外，还有接受其他合伙人的监督和检查、谨慎执行合伙事务的义务，若因自己的过错造成合伙财产损失的，应向合伙企业或其他合伙人负赔偿责任。

2. 禁止有限合伙人执行合伙事务

《合伙企业法》第 68 条规定，有限合伙人不执行合伙事务，不得对外代表有限合伙企业。但是，对涉及有限合伙人根本权益的事项，有限合伙人有必要享有一定的参与权、监督权和救济权。有限合伙人的下列行为，不视为执行合伙事务：①参与决定普通合伙人入伙、退伙；②对企业的经营管理提出建议；③参与选择承办有限合伙企业审计业务的会计师事务所；④获取经审计的有限合伙企业财务会计报告；⑤对涉及自身利益的情况，查阅有限合伙企业财务会计账簿等财务资料；⑥在有限合伙企业中的利益受到侵害时，向有责任的合伙人主张权利或者提起诉讼；⑦执行事务合伙人怠于行使权利时，督促其行使权利或者为了本企业的利益以自己的名义提起诉讼；⑧依法为本企业提供担保。《合伙企业法》列举的上述事项被称为"安全港条款"。①

另外，《合伙企业法》第76条规定，第三人有理由相信有限合伙人为普通合伙人并与其交易的，该有限合伙人对该笔交易承担与普通合伙人同样的责任。有限合伙人未经授权以有限合伙企业名义与他人进行交易，给有限合伙企业或者其他合伙人造成损失的，该有限合伙人应当承担赔偿责任。

3. 有限合伙企业利润分配

《合伙企业法》第69条规定，有限合伙企业不得将全部利润分配给部分合伙人；但是，合伙协议另有约定的除外。这就是说，有限合伙企业的合伙协议可以约定，部分合伙人（通常是有限合伙人）享有全部企业利润或者一定期限内的全部利润。但是，《合伙企业法》不允许合伙协议约定部分合伙人承担全部亏损，或者部分合伙人完全不承担亏损。这是为了将有限合伙人的权益投资与固定收益类投资区分开来。

4. 有限合伙人的特别权利

（1）有限合伙人可以同本企业进行交易

《合伙企业法》第70条规定，有限合伙人可以同本有限合伙企业进行交易；但是，合伙协议另有约定的除外。因为有限合伙人并不参与有限合伙企业事务的执行，对有限合伙企业的对外交易行为，有限合伙人并无直接或者间接的控制权，有限合伙人与本有限合伙企业进行交易时，一般不会损害本有限合伙企业的利益。如果有限合伙协议对有限合伙人与有限合伙企业之间的交易进行约定限制的，则必须按照约定的要求进行。

（2）有限合伙人可以经营与本企业相竞争的业务

《合伙企业法》第71条规定，有限合伙人可以自营或者同他人合作经营与本有限合伙企业相竞争的业务；但是，合伙协议另有约定的除外。与普通合伙人不同，有限合伙人一般不承担竞业禁止义务。普通合伙人如果禁止有限合伙人自营或者同他人合作经营与本有限合伙企业相竞争的业务，应当在合伙协议中作出约定。

（四）有限合伙企业财产出质与转让的特殊规定

1. 有限合伙人财产份额出质

---

① 刘惠明，赵宇峰. 安全港条款在有限合伙基金中的嬗变与重构——基于有限责任与管理权之矛盾的视角[J]. 行政与法，2014（06）：112-117.

《合伙企业法》第 72 条规定，有限合伙人可以将其在有限合伙企业中的财产份额出质。但是合伙协议另有约定的除外。所谓有限合伙人将其在有限合伙企业中的财产份额出质，是指有限合伙人以其在合伙企业中的财产份额对外进行权利质押。有限合伙人可以对自己在有限合伙企业中的财产份额进行一定的处分。有限合伙人将其在有限合伙企业中的财产份额进行出质，产生的后果仅仅是有限合伙企业的有限合伙人存在变更的可能，这对有限合伙企业的财产基础并无根本的影响。但是，有限合伙企业合伙协议可以对有限合伙人的财产份额出质作出特殊约定。

2. 有限合伙人财产份额转让

《合伙企业法》第 73 条规定，有限合伙人可以按照合伙协议的约定向合伙人以外的人转让其在有限合伙企业中的财产份额，但应当提前 30 日通知其他合伙人。这是因为有限合伙人向合伙人以外的其他人转让其在有限合伙企业中的财产份额，并不影响有限合伙企业债权人的利益。但是，有限合伙人对外转让其在有限合伙企业中的财产份额应当依法进行：一是要按照合伙协议的约定进行转让；二是应当提前 30 日通知其他合伙人。有限合伙人对外转让其在有限合伙企业的财产份额时，有限合伙企业的其他合伙人有优先购买权。

（五）有限合伙人债务清偿的特殊规定

《合伙企业法》第 74 条规定，有限合伙人的自有财产不足清偿其与合伙企业无关的债务的，该合伙人可以以其从有限合伙企业中分取的收益用于清偿；债权人也可以依法请求人民法院强制执行该合伙人在有限合伙企业中的财产份额用于清偿。人民法院强制执行有限合伙人的财产份额时，应当通知全体合伙人。在同等条件下，其他合伙人有优先购买权。

（六）有限合伙企业入伙和退伙的特殊规定

1. 入伙

《合伙企业法》第 77 条规定，新入伙的有限合伙人对入伙前有限合伙企业的债务，以其认缴的出资额为限承担责任。这里需要注意的是，在普通合伙企业中，新入伙的合伙人对入伙前合伙企业的债务承担连带责任，而在有限合伙企业中，新入伙的有限合伙人对入伙前有限合伙企业的债务，以其认缴的出资额为限承担责任。

2. 退伙

（1）有限合伙人当然退伙

《合伙企业法》第 78 条规定，有限合伙人出现下列情形之一时当然退伙：①作为合伙人的自然人死亡或者被依法宣告死亡；②作为合伙人的法人或者其他组织依法被吊销营业执照、责令关闭、撤销，或者被宣告破产；③法律规定或者合伙协议约定合伙人必须具有相关资格而丧失该资格；④合伙人在合伙企业中的全部财产份额被人民法院强制执行。

（2）有限合伙人丧失民事行为能力的处理

《合伙企业法》第 79 条规定，作为有限合伙人的自然人在有限合伙企业存续期间丧失民事行为能力的，其他合伙人不得因此要求其退伙。这是因为有限合伙人对有限合伙企业只进行投资，而不负责事务执行。作为有限合伙人的自然人在有限合伙企业存续期间丧失民事行为能力，并不影响有限合伙企业的正常生产经营活动，其他合伙人不能要求丧失民事行为能力的合伙人退伙。

（3）有限合伙人继承人的权利

《合伙企业法》第 80 条规定，作为有限合伙人的自然人死亡、被依法宣告死亡或者作为有限合伙人的法人及其他组织终止时，其继承人或者权利承受人可以依法取得该有限合伙人在有限合伙企业中的资格。

（4）有限合伙人退伙后的责任承担

《合伙企业法》第 81 条规定，有限合伙人退伙后，对基于其退伙前的原因发生的有限合伙企业债务，以其退伙时从有限合伙企业中取回的财产承担责任。

（七）合伙人性质转变的特殊规定

《合伙企业法》规定，除合伙协议另有约定外，普通合伙人转变为有限合伙人，或者有限合伙人转变为普通合伙人，应当经全体合伙人一致同意。有限合伙人转变为普通合伙人的，对其作为有限合伙人期间有限合伙企业发生的债务承担无限连带责任。普通合伙人转变为有限合伙人的，对其作为普通合伙人期间合伙企业发生的债务承担无限连带责任。

五、合伙企业的解散与清算

（一）合伙企业的解散

合伙企业的解散，是指各合伙人解除合伙协议，合伙企业终止活动。

根据《合伙企业法》第 85 条的规定，合伙企业有下列情形之一的，应当解散：①合伙期限届满，合伙人决定不再经营；②合伙协议约定的解散事由出现；③全体合伙人决定解散；④合伙人已不具备法定人数满 30 天；⑤合伙协议约定的合伙目的已经实现或者无法实现；⑥依法被吊销营业执照、责令关闭或者被撤销；⑦法律、行政法规规定的其他原因。

（二）合伙企业的清算

合伙企业解散的，应当进行清算。根据《合伙企业法》和《市场主体登记管理条例》，合伙企业清算应当遵守以下规定：

1. 确定清算人或清算组

合伙企业解散，应当由清算人进行清算。清算人由全体合伙人担任；经全体合伙人过半数同意，可以自合伙企业解散事由出现后 15 日内指定一个或者数个合伙人，或者委托第三人担任清算人。自合伙企业解散事由出现之日起 15 日内未确定清算人的，合伙人或者其他利害关系人可以申请人民法院指定清算人。

2. 清算人的职责

清算人在清算期间执行下列事务：①清理合伙企业财产，分别编制资产负债表和财产清单；②处理与清算有关的合伙企业未了结事务；③清缴所欠税款；④清理债权、债务；⑤处理合伙企业清偿债务后的剩余财产；⑥代表合伙企业参加诉讼或者仲裁活动。

3. 通知和公告债权人

清算人自被确定之日起 10 日内将合伙企业解散事项通知债权人，将清算成员名单通过国家企业信用信息公示系统公告，并于 60 日内在报纸上公告。清算人可以通过国家企业信用信息公示系统发布债权人公告。债权人应当自接到通知书之日起 30 日内，未接到通知书的自公告之日起 45 日内，向清算人申报债权。债权人申报债权，应当说明债权的有关事项，并提供证明材料。清算人应当对债权进行登记。清算期间，合伙企业存续，但不得开展与清算无关的经营活动。

4. 财产清偿顺序

合伙企业财产在支付清算费用和职工工资、社会保险费用、法定补偿金以及缴纳所欠税款、清偿债务后的剩余财产，依照《合伙企业法》关于利润分配和亏损分担的规定进行分配。

合伙企业财产清偿问题主要包括以下三个方面的内容：

（1）合伙企业的财产首先用于支付合伙企业的清算费用

清算费用包括：①管理合伙企业财产的费用，如仓储费、保管费、保险费等；②处分合伙企业财产的费用，如聘任工作人员的费用等；③清算过程中的其他费用，如通告债权人的费用、调查债权的费用、咨询费用、诉讼费用等。

（2）合伙企业的财产支付合伙企业的清算费用后的清偿顺序

合伙企业的财产支付合伙企业的清算费用后的清偿顺序依次为：合伙企业职工工资、社会保险费用和法定补偿金、缴纳所欠税款、清偿债务。其中，法定补偿金主要是指法律、行政法规和规章所规定的应当支付给职工的经济补偿金，如《中华人民共和国劳动法》规定的解除劳动合同的经济补偿金等。

（3）分配剩余财产

合伙企业财产依法清偿后仍有剩余时，对剩余财产依照《合伙企业法》的规定进行分配，即按照合伙协议的约定办理；合伙协议未约定或者约定不明确的，由合伙人协商决定；协商不成的，由合伙人按照实缴出资比例分配；无法确定出资比例的，由合伙人平均分配。

违反《合伙企业法》规定，应当承担民事赔偿责任、缴纳罚款、罚金，其财产不足以同时支付的，先承担民事赔偿责任。

5. 注销登记及公示

清算人应当自清算结束之日起 30 日内向登记机关申请注销登记。合伙企业申请注销登记前，应当依法办理分支机构注销登记。合伙企业未发生债权债务或者已将债权债务清偿完结，未发生或者已结清清偿费用、职工工资、社会保险费用、法定补偿金、应缴纳税款(滞纳金、罚款)，并由全体投资人书面承诺对上述情况的真实性承担法律责任的，可以按照简易程序办理注销登记。合伙企业应当将承诺书及注销登记申请通过国家企业信用信息公示系统公示，公示期为 20 日。在公示期内无相关部门、债权人及其他利害关系人提出异议的，合伙企业可以于公示期届满之日起 20 日内向登记机关申请注销登记。合伙企业注销依法须经批准的，或者合伙企业被吊销营业执照、责令关闭、撤销，或者被列入经营异常名录的，不适用简易注销程序。人民法院裁定强制清算或者裁定宣告破产的，有关清算人、破产管理人可以持人民法院终结强制清算程序的裁定或者终结破产程序的裁定，直接向登记机关申请办理注销登记。

清算结束，清算人应当编制清算报告，经全体合伙人签名、盖章后，在 15 日内向企业登记机关报送清算报告，申请办理合伙企业注销登记，经企业登记机关注销登记合伙企业终止。合伙企业注销后，原普通合伙人对合伙企业存续期间的债务仍应承担无限连带责任。

6. 合伙企业不能清偿到期债务的处理

合伙企业不能清偿到期债务的，债权人可以依法向人民法院提出破产清算申请，也可以要求普通合伙人清偿。合伙企业依法被宣告破产的，普通合伙人对合伙企业的债务仍应承担无限连带责任。

7. 清算人的法律责任

清算人未依照《合伙企业法》的规定向企业登记机关报送清算报告，或者报送清算报告隐瞒重要事实，或者有重大遗漏的，由企业登记机关责令改正。由此产生的费用和损失，由清算人承担和赔偿。

清算人执行清算事务，牟取非法收入或者侵占合伙企业财产的，应当将该收入和侵占的财产退还合伙企业；给合伙企业或者其他合伙人造成损失的，依法承担赔偿责任。

清算人违反《合伙企业法》的规定，隐匿、转移合伙企业财产，对资产负债表或者财产清单作虚假记载，或者在未清偿债务前分配财产，损害债权人利益的，依法承担赔偿责任。

◎ 练习题

1. 简述法人的概念与特征。

2. 简述合伙企业的概念与分类。

3. 普通合伙企业的设立条件是什么？

4. 普通合伙企业的损益分配原则是什么？

5. 简述普通合伙企业和合伙人的债务清偿关系。

6. 简述特殊的普通合伙企业的概念及责任承担形式。

7. 简述有限合伙企业的特殊规定。

第三章　创业商事组织法之公司法

◎ 引言

公司作为现代企业最主要的组织形式，是多数创业者的首选。本章主要包括公司法的相关法律知识，包括公司的概念、特征、类型以及公司组织形式的相关内容。创业者通过了解不同类型的公司，股东的权利义务以及公司股东会、董事会、监事会的职权和运作机制，以帮助创业者更好地设立适合自己的公司形式，并进行合理股权设置，保证公司依法正常经营，避免公司面临较大的法律风险，最大限度地保护股东的合法权益。

◎ 本章引例

甲、乙、丙、丁、戊拟共同组建一个有限责任性质的饮料公司，注册资本200万元，其中甲、乙各以货币60万元出资；丙以实物出资，经评估机构评估为20万元；丁以其专利技术出资，作价50万元；戊以劳务出资，经全体出资人同意作价10万元。公司拟不设董事会，由甲任执行董事；不设监事会，由丙担任公司的监事。

饮料公司成立后经营一直不景气，已欠A银行贷款100万元未还。经股东会决议，决定把饮料公司唯一盈利的保健品车间分出去，另成立有独立法人资格的保健品厂。后饮料公司增资扩股，乙将其股份转让给大北公司。一年后，保健品厂也出现严重亏损，资不抵债，其中欠B公司的货款达400万元。

根据上述材料，回答下列问题：

1. 饮料公司组建过程中，各股东的出资是否存在不符合公司法的规定之处？为什么？

2. 饮料公司的组织机构设置是否符合公司法的规定？为什么？

3. 饮料公司设立保健品厂的行为在公司法上属于什么性质的行为？设立后，饮料公司原有的债权债务应如何承担？

4. 乙转让股份时应遵循股份转让的何种规则？

5. A银行如起诉追讨饮料公司所欠的100万元贷款，应当以谁为被告？为什么？

6. B 公司除采取起诉或仲裁的方式追讨保健品厂的欠债外，还可以采取什么法律手段以实现自己的债权？

第一节　公司法概述

公司是现代企业的基本组织形式，国外公司制企业已有几百年的发展历史。改革开放以来，特别是我国提出建立社会主义市场经济体制、建立现代企业制度以来，我国的公司制企业得到迅速发展，现已成为我国企业的主要组织形式。

一、公司的概念和类型

(一)公司的概念

根据我国《公司法》和《民法典》的规定，公司是指股东承担有限责任的营利性法人。其特征如下：

1. 公司是法人

从法律地位上看，公司具有法人资格。公司具有民事权利能力和民事行为能力，独立于股东、管理人员和员工。除法律规定必须经政府许可才能经营的项目外，公司可以自己的名义从事公司章程中设定的并经登记的营业范围内的各种法律行为。公司拥有自己独立的财产，可以以公司的名义与他人签订合同，可以起诉和应诉。公司以其全部财产对自己的债务承担责任。

2. 公司是营利法人

《民法典》第 76 条规定，营利法人，是指以取得利润并分配给股东等出资人为目的而成立的法人。股东设立公司或向已有的公司投资，就是为了追求利润、实现自己的经济利益。如果公司不从事营利性活动，就无法满足股东的愿望。[①] 公司在追求利润的同时，还必须遵守法律、行政法规，遵守社会公德、商业道德，诚实守信，接受政府和社会公众的监督，承担社会责任。[②]

3. 公司股东通常承担有限责任

根据《公司法》规定，有限责任公司的股东以其认缴的出资额为限对公司承担责任；股

[①]　甘培忠. 企业与公司法：第 10 版[M]. 北京：北京大学出版社，2021：216.

[②]　刘俊海. 公司的社会责任[M]. 北京：法律出版社，1999：6.

份有限公司的股东以其认购的股份为限对公司承担责任。例外情况是，股东如滥用公司法人独立地位和股东有限责任，逃避债务，严重损害公司债权人利益，根据《公司法》规定，则其有可能丧失有限责任保护。

综上可见，我国《公司法》所规范的公司专指营利法人或者企业法人类的公司，不包括非营利法人或非企业法人，也不包括非法人企业，如合伙企业、独资企业。

(二)公司的类型

我国《公司法》规定两种公司类型：有限责任公司和股份有限公司。

二者的主要区别在于：①在股东人数上，有限责任公司设立时股东不得超过 50 人，股份有限公司股东人数无上限；②在股权或股份流动性上，有限责任公司股权对外转让受其他股东优先购买权的制约，股份有限公司股份转让通常无此限制，转让相对便捷、自由；③股份有限公司可以依法公开发行股份募集资金，有限责任公司则不可以。综合而言，两种公司的区别集中体现在融资方式和股份流动性上。

除此之外，二者在设立程序、出资要求、内部组织结构、分立、合并、解散、清算等方面区别不大。因此，企业选择有限责任公司抑或股份有限公司类型，多半是基于自身的融资需求而作出的选择。欧美各国公司法对法人公司的类型设置各有特色，但基本上可以依据股份是否可自由转让、是否可公开发行股份，分为封闭型公司和公众型公司。

第二节　有限责任公司

一、有限责任公司的设立

有限责任公司是指股东依法以投资方式设立，以营利为目的，以其认缴的出资额为限对公司承担责任，以其全部独立财产对公司债务承担责任的企业法人。

(一)设立条件

1. 股东条件

《公司法》第 42 条规定，有限责任公司由一个以上五十个以下股东出资设立。同时，出资设立公司的股东还要符合相应的资格条件。

2. 财产条件

(1)注册资本

2013 年修订后的《公司法》取消了对有限责任公司最低注册资本的要求，2023 年修订的《公司法》第 47 条规定："有限责任公司的注册资本为在公司登记机关登记的全体股东认缴的出资额。全体股东认缴的出资额由股东按照公司章程的规定自公司成立之日起五年内缴足。法律、行政法规以及国务院决定对有限责任公司注册资本实缴、注册资本最低限额、股东出资期限另有规定的，从其规定。"

（2）出资方式

股东可以用货币出资，也可以用实物、知识产权、土地使用权、股权、债权等可以用货币估价并可以依法转让的非货币财产作价出资；但是，法律、行政法规规定不得作为出资的财产除外。《市场主体登记管理条例》规定的不得作为出资的财产包括：劳务、信用、自然人姓名、商誉、特许经营权或者设定担保的财产。

对作为出资的非货币财产应当评估作价，核实财产，不得高估或者低估作价。法律、行政法规对评估作价有规定的，从其规定。

（3）违反出资义务的责任

股东应当按期足额缴纳公司章程规定的各自所认缴的出资额。股东以货币出资的，应当将货币出资足额存入有限责任公司在银行开设的账户；以非货币财产出资的，应当依法办理财产权的转移手续。

股东未按期足额缴纳出资的，除应当向公司足额缴纳外，还应当对给公司造成的损失承担赔偿责任。

有限责任公司设立时，股东未按照公司章程规定实际缴纳出资，或者实际出资的非货币财产实际价额显著低于所认缴的出资额的，设立时的其他股东与该股东在出资不足的范围内承担连带责任。

3. 组织条件

设立有限责任公司须由股东共同制定公司章程。根据《公司法》第 46 条的规定，有限责任公司章程应当载明下列事项：①公司名称和住所；②公司经营范围；③公司注册资本；④股东的姓名或者名称；⑤股东的出资额、出资方式和出资日期；⑥公司的机构及其产生办法、职权、议事规则；⑦公司法定代表人的产生、变更办法；⑧股东会认为需要规定的其他事项。

（二）设立程序

1. 发起人签订设立协议

设立协议，明确各自在公司设立过程中的权利和义务。

2. 报经有关部门批准

依据法律、行政法规规定设立公司必须报经批准的，应当在公司登记前依法办理批准手续。不需要经过批准的，可以直接向公司登记机关注册设立。

3. 制定公司章程

公司章程由发起人共同制定。股东应当在公司章程上签名或者盖章。

4. 认购股权、缴纳出资

发起人应当认足公司章程规定的公司设立时应缴纳的股款，并按照公司章程规定的出资日期缴纳出资。

5. 选举董事会和监事会

董事会是由董事组成的，公司设董事会并由股东会选举。监事会是由股东会选举的监事以及由公司职工民主选举的监事组成的。

6. 制作股东名册并置备于公司

有限责任公司应当置备股东名册。股东名册是公司记载股东情况及出资事项而设置的簿册，应记载下列事项：①股东的姓名或者名称及住所；②股东的出资额；③出资证明书编号。记载于股东名册的股东，可以依股东名册主张行使股东权利。

7. 设立登记

董事会应当授权代表，于公司成立大会结束后向公司登记机关申请设立登记。

8. 公告

登记主管机关核准登记后，应当发布公司登记公告。公告内容一般包括公司名称、住所、法人代表、公司类型、注册资本、经营范围、经营方式、注册号等。发布公告后，公司设立程序即完成。公司登记的事项可以对抗第三人。公司未经登记的事项，不得对抗第三人。

（三）出资证明书

有限责任公司成立后，应当向股东签发出资证明书。出资证明书是确认股东出资的凭证，应当载明下列事项：①公司名称；②公司成立日期；③公司注册资本；④股东的姓名或者名称、缴纳的出资额和出资日期；⑤出资证明书的编号和核发日期。出资证明书由法定代表人签名，并由公司盖章。

《最高人民法院关于适用〈中华人民共和国公司法〉若干问题的规定（三）》第24条规定，当事人依法履行出资义务或者依法继受取得股权后，公司未根据公司法的规定签发出资证明书、记载于股东名册并办理公司登记机关登记，当事人请求公司履行上述义务的，人民法院应予支持。

二、有限责任公司股权转让

(一)股权转让

1. 股东之间的转让

《公司法》第 84 条规定，有限责任公司的股东之间可以相互转让其全部或者部分股权。对此种转让，《公司法》未设任何限制。

2. 股东向股东以外的人转让股权

①股东向股东以外的人转让股权，股东应就其股权转让的数量、价格、支付方式和期限等事项书面通知其他股东，其他股东自接到书面通知之日起满 30 日未答复的，视为放弃优先购买权。

②在同等条件下，其他股东有优先购买权。两个以上股东主张行使优先购买权的，协商确定各自的购买比例；协商不成的，按照转让时各自的出资比例行使优先购买权。

③公司章程对股权转让另有规定的，从其规定。

3. 强行转让

《公司法》第 85 条规定，人民法院依照法律规定的强制执行程序转让股东的股权时，应当通知公司及全体股东，其他股东在同等条件下有优先购买权。其他股东自人民法院通知之日起满 20 日不行使优先购买权的，视为放弃优先购买权。

4. 股权继承规则

根据《公司法》规定，在公司章程没有另外规定的情况下，自然人股东死亡后，其合法继承人可以直接继承股东资格。

(二)股权回购请求权

股权回购请求，是指股东在一定的条件下，可以请求公司按照合理价格收购其股权。

根据《公司法》第 89 条规定，有下列情形之一的，对股东会该项决议投反对票的股东可以请求公司按照合理的价格收购其股权：

①公司连续 5 年不向股东分配利润，而公司该 5 年连续盈利，并且符合本法规定的分配利润条件；

②公司合并、分立、转让主要财产；

③公司章程规定的营业期限届满或者章程规定的其他解散事由出现，股东会通过决议修改章程使公司存续。

自股东会决议作出之日起 60 日内，股东与公司不能达成股份收购协议的，股东可以自股东会决议作出之日起 90 日内向人民法院提起诉讼。

公司的控股股东滥用股东权利，严重损害公司或者其他股东利益的，其他股东有权请求公司按照合理的价格收购其股权。

公司因本条第一款规定的情形收购的本公司股份，应当在 6 个月内依法转让或者注销。

三、有限责任公司的组织机构

有限责任公司的组织机构包括股东会、董事会和监事会。

(一)股东会

1. 股东会的性质

有限责任公司股东会由全体股东组成，股东会是公司的权力机构。

2. 股东会的职权

《公司法》第 59 条规定，股东会行使下列职权：

①选举和更换董事、监事，决定有关董事、监事的报酬事项；

②审议批准董事会的报告；

③审议批准监事会的报告；

④审议批准公司的利润分配方案和弥补亏损方案；

⑤对公司增加或者减少注册资本作出决议；

⑥对发行公司债券作出决议；

⑦对公司合并、分立、解散、清算或者变更公司形式作出决议；

⑧修改公司章程；

⑨公司章程规定的其他职权。

股东会可以授权董事会对发行公司债券作出决议。

对本条第一款所列事项股东以书面形式一致表示同意的，可以不召开股东会会议，直接作出决定，并由全体股东在决定文件上签名或者盖章。

《公司法》第 60 条规定："只有一个股东的有限责任公司不设股东会。股东作出前条第一款所列事项的决定时，应当采用书面形式，并由股东签名或者盖章后置备于公司。"

3. 股东会会议

股东会会议分为定期会议和临时会议。定期会议应当按照公司章程的规定按时召开。

代表十分之一以上表决权的股东、三分之一以上的董事或者监事会提议召开临时会议的，应当召开临时会议。

4. 股东会的召集和主持

首次股东会会议由出资最多的股东召集和主持。以后的股东会会议，公司设立董事会的，由董事会召集，董事长主持；董事长不能或者不履行职务的，由副董事长主持；副董事长不能或者不履行职务的，由半数以上董事共同推举一名董事主持。董事会不能履行或者不履行召集股东会会议职责的，由监事会召集和主持；监事会不召集和主持的，代表十分之一以上表决权的股东可以自行召集和主持。

5. 股东会决议规则

（1）表决权的行使

《公司法》第65条规定，股东会会议由股东按照出资比例行使表决权；但是，公司章程另有规定的除外。

（2）决议规则

有限责任公司股东会决议分为特别决议和普通决议。作出修改公司章程、增加或者减少注册资本；公司合并、分立、解散或者变更公司形式的决议，为特别决议，必须经代表三分之二以上表决权的股东通过。除特别决议外，其他决议为普通决议，股东会普通决议应当经代表二分之一以上表决权的股东通过。

（二）董事会

有限责任公司设董事会。《公司法》第75条规定，规模较小或者股东人数较少的有限责任公司，可以不设董事会，设一名董事，行使董事会职权。该董事可以兼任公司经理。

1. 董事会的组成

有限责任公司董事会成员为三人以上，其成员中可以有公司职工代表。职工人数三百人以上的有限责任公司，除依法设监事会并有公司职工代表的外，其董事会成员中应当有公司职工代表。董事会中的职工代表由公司职工通过职工代表大会、职工大会或者其他形式民主选举产生。

2. 董事任期

董事任期由公司章程规定，但每届任期不得超过3年。董事任期届满，连选可以连任。

3. 董事会职权

《公司法》第67条规定，有限责任公司设董事会，本法第75条另有规定的除外。董事会行使下列职权：

①召集股东会会议，并向股东会报告工作；

②执行股东会的决议；

③决定公司的经营计划和投资方案；

④制订公司的利润分配方案和弥补亏损方案；

⑤制订公司增加或者减少注册资本以及发行公司债券的方案；

⑥制订公司合并、分立、解散或者变更公司形式的方案；

⑦决定公司内部管理机构的设置；

⑧决定聘任或者解聘公司经理及其报酬事项，并根据经理的提名决定聘任或者解聘公司副经理、财务负责人及其报酬事项；

⑨制定公司的基本管理制度；

⑩公司章程规定或者股东会授予的其他职权。

公司章程对董事会职权的限制不得对抗善意相对人。

4. 董事会会议的召集和主持

股东会会议由董事会召集，董事长主持；董事长不能履行职务或者不履行职务的，由副董事长主持；副董事长不能履行职务或者不履行职务的，由过半数的董事共同推举一名董事主持。

5. 董事会的议事方式和表决程序

董事会的议事方式和表决程序，除《公司法》另有规定的外，由公司章程规定。董事会会议应当有过半数的董事出席方可举行。董事会作出决议，应当经全体董事的过半数通过。董事会决议的表决，应当一人一票。董事会应当对所议事项的决定作成会议记录，出席会议的董事应当在会议记录上签名。

(三)监事会

有限责任公司设监事会。规模较小或者股东人数较少的有限责任公司，可以不设董事会，设一名董事，行使《公司法》规定的董事会职权。该董事可以兼任公司经理。有限责任公司可以按照公司章程的规定在董事会中设置由董事组成的审计委员会，行使《公司法》规定的监事会职权，不设监事会或者监事。公司董事会成员中的职工代表可以成为审计委员会成员。

1. 监事会的组成

《公司法》第76条规定，监事会成员为三人以上。监事会成员应当包括股东代表和适当比例的公司职工代表，其中职工代表的比例不得低于三分之一，具体比例由公司章程规定。监事会中的职工代表由公司职工通过职工代表大会、职工大会或者其他形式民主选举产生。

董事、高级管理人员不得兼任监事。

2. 监事任期及监事会主席

监事的任期每届为 3 年。监事任期届满，连选可以连任。

监事会设主席一人，由全体监事过半数选举产生。

3. 监事会的职权

《公司法》第 78 条规定，监事会行使下列职权：

①检查公司财务；

②对董事、高级管理人员执行职务的行为进行监督，对违反法律、行政法规、公司章程或者股东会决议的董事、高级管理人员提出解任的建议；

③当董事、高级管理人员的行为损害公司的利益时，要求董事、高级管理人员予以纠正；

④提议召开临时股东会会议，在董事会不履行本法规定的召集和主持股东会会议职责时召集和主持股东会会议；

⑤向股东会会议提出提案；

⑥依照本法第 189 条的规定，对董事、高级管理人员提起诉讼；

⑦公司章程规定的其他职权。

4. 监事会会议的召集和决议

监事会每年度至少召开一次会议，监事可以提议召开临时监事会会议。

由监事会主席召集和主持；监事会主席不能或者不履行职务的，由半数以上监事共同推举一名监事召集和主持监事会会议。

监事会的表决，除法律另有规定外，由公司章程规定。监事会决议应当经全体监事的过半数通过。监事会决议的表决，应当一人一票。监事会应当对所议事项的决定作成会议记录，出席会议的监事应当在会议记录上签名。监事会行使职权所必需的费用，由公司承担。

第三节　股份有限公司

股份有限公司，是指全部资本分成等额股份的公司，股东以其认购的股份为限对公司承担有限责任。

一、股份有限公司的设立

（一）设立方式

《公司法》规定，股份有限公司可以采取发起设立或者募集设立方式设立。

发起设立，是指由发起人认购设立公司时应发行的全部股份而设立公司。

募集设立，是指由发起人认购设立公司时应发行股份的一部分，其余股份向特定对象募集或者向社会公开募集而设立公司。发起人认购部分不低于百分之三十五，但法律、行政法规另有规定的，从其规定。

(二)设立条件

1. 发起人条件

股份有限公司发起人承担公司筹办事务。《公司法》第 92 条规定，设立股份有限公司，应当有一人以上二百人以下为发起人，其中应当有半数以上的发起人在中华人民共和国境内有住所。依照公司法司法解释，为设立公司而签署公司章程、向公司认购出资或者股份并履行公司设立职责的人，应当认定为公司的发起人。

2. 财产条件

(1)注册资本

发起人和认股人应当依法认购股份、缴纳出资。《公司法》规定，股份有限公司的注册资本为在公司登记机关登记的已发行股份的资本总额；法律、行政法规以及国务院决定对股份有限公司的注册资本最低限额另有规定的，从其规定。

缴纳注册资本的方式和期限。股份有限公司采取发起设立方式设立的，发起人应当认足公司章程规定的公司设立时应发行的股份。以募集方式设立股份有限公司的，发起人认购的股份不得少于公司股份总数的百分之三十五；但法律、行政法规另有规定的，从其规定。股份有限公司采取募集设立方式设立的，注册资本为在公司登记机关登记的实收股本总额。发起人应当在公司成立前按照其认购的股份全额缴纳股款。在发起人认购的股份缴足出资之前，股份有限公司不得向他人募集股份。

(2)出资方式

根据《公司法》规定，发起人的出资，适用本法关于有限责任公司股东出资的规定。

3. 组织条件

组织条件包括公司名称、住所、章程以及依法建立的组织机构等。股份有限公司的设立需要有相应的名称、住所，必须在名称中标明股份有限公司或者股份公司字样。同时，需要建立相应的组织机构，且股份发行、筹办事项符合法律规定等，股份有限公司的发起人应当制订公司章程，采用募集方式设立的须经创立大会通过。

公司章程是由设立公司的股东共同制定，对公司、股东、董事、监事、高级管理人员具有约束力的调整公司内部关系和经营行为的公司规范性文件。公司章程是公司设立的必备条件之一，也是体现公司自治规则和自治手段的文件；公司法中任意性的规定，主要授权由公司章程规定；此外，公司章程是一个公开性的文件，其记载的内容都是公开的，股东、债权人以及有关人士可通过不同的途径进行查阅。

公司章程的制定和修改。股份有限公司的发起人应当制订公司章程，采用募集方式设立的须经创立大会通过。公司章程的修改必须经过股东大会，并且应当经过出席会议的代表三分之二以上表决权的股东通过。

股份有限公司章程应当载明下列事项：①公司名称和住所；②公司经营范围；③公司设立方式；④公司注册资本、已发行的股份数和设立时发行的股份数，面额股的每股金额；⑤发行类别股的，每一类别股的股份数及其权利和义务；⑥发起人的姓名或者名称、认购的股份数、出资方式；⑦董事会的组成、职权和议事规则；⑧公司法定代表人的产生、变更办法；⑨监事会的组成、职权和议事规则；⑩公司利润分配办法；⑪公司的解散事由与清算办法；⑫公司的通知和公告办法；⑬股东会认为需要规定的其他事项。此外，上市公司应在其公司章程中规定股东大会的召开和表决程序，包括通知、登记、提案的审议、投票、计票、表决结果的宣布、会议决议的形成、会议记录及其签署、公告等，还应在公司章程中规定股东大会对董事会的授权原则，授权内容应明确具体。

(三) 设立程序

1. 订立发起人协议

《公司法》第 93 条规定，发起人应当签订发起人协议，明确各自在公司设立过程中的权利和义务。

2. 报经有关部门批准

依据法律、行政法规规定设立公司必须报经批准的，应当在公司登记前依法办理批准手续。除了法律、行政法规有特别规定的外，设立股份有限公司不需要经过特别批准的，可以直接向公司登记机关注册设立。

3. 订立公司章程

设立公司必须依照《公司法》制定公司章程。公司章程是确定公司权利、义务关系的基本法律文件。

4. 认购股份、缴纳出资

以发起设立方式设立的，发起人应当认足公司章程规定的公司设立时应发行的股份。以募集设立方式设立股份有限公司的，发起人认购的股份不得少于公司章程规定的公司设立时应发行股份总数的百分之三十五；但是，法律、行政法规另有规定的，从其规定。发起人向社会公开募集股份，应当公告招股说明书，并制作认股书。向社会公开募集股份的股款缴足后，应当经依法设立的验资机构验资并出具证明。

《公司法》第 99 条规定，发起人不按照其认购的股份缴纳股款，或者作为出资的非货币财产的实际价额显著低于所认购的股份的，其他发起人与该发起人在出资不足的范围内承担连带责任。

5. 召集成立大会

《公司法》第 103 条规定，募集设立股份有限公司的发起人应当自公司设立时应发行股份的股款缴足之日起 30 日内召开公司成立大会。发起人应当在成立大会召开 15 日前将会议日期通知各认股人或者予以公告。成立大会应当有持有表决权过半数的认股人出席，方可举行。以发起设立方式设立股份有限公司成立大会的召开和表决程序由公司章程或者发起人协议规定。

公司成立大会行使下列职权：①审议发起人关于公司筹办情况的报告；②通过公司章程；③选举董事、监事；④对公司的设立费用进行审核；⑤对发起人非货币财产出资的作价进行审核；⑥发生不可抗力或者经营条件发生重大变化直接影响公司设立的，可以作出不设立公司的决议。成立大会对前款所列事项作出决议，应当经出席会议的认股人所持表决权过半数通过。

《公司法》第 105 条规定，公司设立时应发行的股份未募足，或者发行股份的股款缴足后，发起人在 30 日内未召开成立大会的，认股人可以按照所缴股款并加算银行同期存款利息，要求发起人返还。发起人、认股人缴纳股款或者交付非货币财产出资后，除未按期募足股份、发起人未按期召开成立大会或者成立大会决议不设立公司的情形外，不得抽回其股本。

6. 制作股东名册并置备于公司

股份有限公司应当制作股东名册并置备于公司。股东名册应当记载下列事项：①股东的姓名或者名称及住所；②通过公司章程；③选举董事、监事；④对公司的设立费用进行审核；⑤对发起人非货币财产出资的作价进行审核；⑥发生不可抗力或者经营条件发生重大变化直接影响公司设立的，可以作出不设立公司的决议。成立大会对前款所列事项作出决议，应当经出席会议的认股人所持表决权过半数通过。

7. 设立登记

董事会应当授权代表，于公司成立大会结束后 30 日内向公司登记机关申请设立登记。

二、股份有限公司的组织机构

公司组织机构是代表公司活动，行使相应职权的内部机构。公司组织机构是公司法规定的，具有强制性。股份有限公司的组织机构包括股东会、董事会和监事会。

（一）股东会

股份有限公司股东会由全体股东组成，股东会是公司的权力机构。

1. 股东会的职权

有限责任公司股东会职权的规定，适用于股份有限公司股东会。关于只有一个股东的有限责任公司不设股东会的规定，适用于只有一个股东的股份有限公司。

2. 股东会

股东会会议分为年会和临时会议。

股东会应当每年召开一次年会。上市公司的年度股东会应当于上一会计年度结束后的6个月内举行。有下列情形之一的，应当在2个月内召开临时股东会会议：

①董事人数不足本法规定人数或者公司章程所定人数的三分之二时；

②公司未弥补的亏损达股本总额三分之一时；

③单独或者合计持有公司百分之十以上股份的股东请求时；

④董事会认为必要时；

⑤监事会提议召开时；

⑥公司章程规定的其他情形。

3. 股东会的召集和主持

股东会会议由董事会召集，董事长主持；董事长不能履行职务或者不履行职务的，由副董事长主持；副董事长不能履行职务或者不履行职务的，由过半数的董事共同推举一名董事主持。董事会不能履行或者不履行召集股东会会议职责的，监事会应当及时召集和主持；监事会不召集和主持的，连续90日以上单独或者合计持有公司百分之十以上股份的股东可以自行召集和主持。

单独或者合计持有公司百分之十以上股份的股东请求召开临时股东会会议的，董事会、监事会应当在收到请求之日起10日内作出是否召开临时股东会会议的决定，并书面答复股东。

召开股东会会议，应当将会议召开的时间、地点和审议的事项于会议召开20日前通知各股东；临时股东会会议应当于会议召开15日前通知各股东。

单独或者合计持有公司百分之一以上股份的股东，可以在股东会会议召开10日前提出临时提案并书面提交董事会。临时提案应当有明确议题和具体决议事项。董事会应当在收到提案后2日内通知其他股东，并将该临时提案提交股东会审议；但临时提案违反法律、行政法规或者公司章程的规定，或者不属于股东会职权范围的除外。公司不得提高提出临时提案股东的持股比例。公开发行股份的公司，应当以公告方式作出前两款规定的通知。股东会不得对通知中未列明的事项作出决议。

4. 股东会的表决和决议

股东出席股东会会议，所持每一股份有一表决权，类别股股东除外。股东会决议事项分为普通事项与特别事项两类。股东会作出普通事项决议，应当经出席会议的股东所持表决权过半数通过。股东会作出特别事项，应当经出席会议的股东所持表决权的三分之二以上通过。特别事项包括股东会作出修改公司章程、增加或者减少注册资本的决议，以及公司合并、分立、解散或者变更公司形式的决议。

5. 累积投票制

股东会选举董事或者监事时，每一股份拥有与应选董事或者监事人数相同的表决权，股东拥有的表决权可以集中使用。股东会选举董事、监事，可以按照公司章程的规定或者股东会的决议，实行累积投票制。

6. 会议记录

股东会应当对所议事项的决定作成会议记录，主持人、出席会议的董事应当在会议记录上签名。会议记录应当与出席股东的签名册及代理出席的委托书一并保存。

(二)董事会

董事会由股东会选举产生的董事组成，代表公司并行使经营决策权。规模较小或者股东人数较少的股份有限公司，可以不设董事会，设一名董事，行使董事会职权。该董事可以兼任公司经理。

1. 董事会的组成

同有限责任公司的相关规定。

2. 董事任期

同有限责任公司的相关规定。

3. 董事会职权

同有限责任公司的相关规定。

4. 董事会机构设置

董事会设董事长一人，可以设副董事长。董事会设董事长一人，可以设副董事长。董事长和副董事长由董事会以全体董事的过半数选举产生。上市公司董事会可以按照股东大会的有关决议，设立专门委员会。

5. 董事会会议的召开

董事会每年度至少召开两次会议，每次会议应当于会议召开 10 日前通知全体董事和监事。

代表十分之一以上表决权的股东、三分之一以上董事或者监事会，可以提议召开临时董事会会议。董事长应当自接到提议后 10 日内，召集和主持董事会会议。董事会召开临时会议，可以另行制定召集董事会的通知方式和通知时限。

《公司法》规定，董事会会议应当有过半数的董事出席方可举行。董事会作出决议，应当经全体董事的过半数通过。董事会决议的表决，应当一人一票。董事会应当对所议事项的决定作成会议记录，出席会议的董事应当在会议记录上签名。董事会会议，应当由董事本人出席；董事因故不能出席，可以书面委托其他董事代为出席，委托书应当载明授权范围。

6. 会议记录及董事责任

出席会议的董事应当在会议记录上签名。董事应当对董事会的决议承担责任。董事会的决议违反法律、行政法规或者公司章程、股东会决议，给公司造成严重损失的，参与决议的董事对公司负赔偿责任；经证明在表决时曾表明异议并记载于会议记录的，该董事可以免除责任。

(三) 监事会

监事会由监事组成，代表全体股东对公司经营管理进行监督，是公司的监督机构。

1. 监事会的组成

监事会成员为三人以上。监事会成员应当包括股东代表和适当比例的公司职工代表，其中职工代表的比例不得低于三分之一，具体比例由公司章程规定。监事会中的职工代表由公司职工通过职工代表大会、职工大会或者其他形式民主选举产生。

监事会设主席一人，可以设副主席。监事会主席和副主席由全体监事过半数选举产生。监事会主席召集和主持监事会会议；监事会主席不能履行职务或者不履行职务的，由监事会副主席召集和主持监事会会议；监事会副主席不能履行职务或者不履行职务的，由过半数的监事共同推举一名监事召集和主持监事会会议。

董事、高级管理人员不得兼任监事。

2. 监事会的职权和监事任期

同有限责任公司的相关规定。

3. 监事会会议的召开

监事会每 6 个月至少召开一次会议。监事可以提议召开临时监事会会议。监事会的议事方式和表决程序，除《公司法》另有规定的外，由公司章程规定。监事会决议应当经全体监事的过半数通过。监事会决议应当经全体监事的过半数通过。监事会决议的表决，应当一人一票。监事会应当对所议事项的决定作成会议记录，出席会议的监事应当在会议记录上签名。

（四）上市公司组织机构的特别规定

上市公司是指股票在证券交易所上市交易的股份有限公司。根据《公司法》规定，针对上市公司的特别规定如下：

1. 股东会特别决议事项

《公司法》第 135 条规定，上市公司在一年内购买、出售重大资产或者向他人提供担保的金额超过公司资产总额百分之三十的，应当由股东会作出决议，并经出席会议的股东所持表决权的三分之二以上通过。

2. 上市公司必须设立独立董事

具体见中国证券监督管理委员会 2022 年 1 月发布的《上市公司独立董事规则》。

3. 上市公司的董事会秘书

董事会秘书负责公司股东会和董事会会议的筹备、文件保管及公司股东资料的管理，办理信息披露事务等事宜。董事会秘书是上市公司高级管理人员。

4. 上市公司设置审计委员会

上市公司在董事会中设置审计委员会的，董事会对下列事项作出决议前应当经审计委员会全体成员过半数通过：①聘用、解聘承办公司审计业务的会计师事务所；②聘任、解聘财务负责人；③披露财务会计报告；④国务院证券监督管理机构规定的其他事项。

5. 关联关系董事表决权行使的排除制度

《公司法》第 139 条规定，上市公司董事与董事会会议决议事项所涉及的企业或者个人有关联关系的，该董事应当及时向董事会书面报告。有关联关系的董事不得对该项决议行使表决权，也不得代理其他董事行使表决权。该董事会会议由过半数的无关联关系董事出席即可举行，董事会会议所作决议须经无关联关系董事过半数通过。出席董事会会议的无关联关系董事人数不足三人的，应当将该事项提交上市公司股东会审议。

6. 上市公司应当依法披露股东、实际控制人的信息

其相关信息应当真实、准确、完整。禁止违反法律、行政法规的规定代持上市公司股票。

7. 上市公司控股子公司不得取得该上市公司的股份

上市公司控股子公司因公司合并、质权行使等原因持有上市公司股份的，不得行使所持股份对应的表决权，并应当及时处分相关上市公司股份。

三、股份有限公司的股份发行和转让

(一)股份及其类型

股份有限公司通过发行股份,筹集资本(注册资本)、其他权益资本以及生产经营所需的资金。公司的所有者权益通过股份实现了单位化和标准化的划分。不同类别的股份意味着不同的股东权益。

1. 面额股与无面额股

《公司法》规定,股份有限公司的全部股份,根据公司章程的规定择一采用面额股或者无面额股。所谓"面额股",是指每股标明票面金额的股,采用面额股的,每一股的金额相等。"无面额股",是指股份有限公司发行的股份没有标明每股金额。无面额股没有面额,故其发行不受"股票发行价不得低于面额"这一规则的限制,因而具有筹资上的灵活性。股份有限公司可以根据章程的规定将已发行的面额股全部转换为无面额股或者将无面额股全部转换为面额股。

2. 普通股与类别股

公司最基本的股份类型是普通股。普通股代表公司所有权的基本份额。持有普通股的股东享有对公司事务的管理权和资产收益权。优先股的股东在利润分配和剩余资产分配上享有优先于普通股股东的权利,但是他们通常对公司的经营管理没有或仅享有有限表决权。

(二)股份形式

公司的股份采用股票的形式。股票是公司签发的证明股东所持股份的凭证。公司发行的股票,应当为记名股票。股票采用纸面形式或者国务院证券监督管理机构规定的其他形式。

股票采用纸面形式的,应当载明下列主要事项:①公司名称;②公司成立日期或者股票发行的时间;③股票种类、票面金额及代表的股份数,发行无面额股的,股票代表的股份数。股票采用纸面形式的,还应当载明股票的编号,由法定代表人签名,公司盖章。发起人股票采用纸面形式的,应当标明发起人股票字样。

在我国,纸面形式目前已不再是股票的主要形式。我国上市公司和非上市公众公司的股份,现均采用电子簿形式,集中登记、存管于专门的证券登记结算机构。

(三)股份发行

股份有限公司设立时的股份发行,被称为设立发行,此后的股份发行,被称为新股发行,相对于股份有限公司增资。

1. 股份发行原则

股份发行，应当遵循公平、公正、公开原则，同股同权、同股同利。

2. 发行价格

面额股股票的发行价格可以按票面金额，也可以超过票面金额，但不得低于票面金额。

3. 新股的发行

《公司法》规定，公司发行新股，股东会应当对下列事项作出决议：

①新股种类及数额；

②新股发行价格；

③新股发行的起止日期；

④向原有股东发行新股的种类及数额；

⑤发行无面额股的，新股发行所得股款计入注册资本的金额。

(四)股份转让

股份以自由转让为原则，限制转让为例外。《公司法》规定，股份有限公司的股东持有的股份可以向其他股东转让，也可以向股东以外的人转让；公司章程对股份转让有限制的，其转让按照公司章程的规定进行。主要受到以下限制：

①转让场所的限制：股东转让其股份，应当在依法设立的证券交易场所进行或者按照国务院规定的其他方式进行。

②记名股转让：必须以背书方式或者法律、行政法规规定的其他方式转让；无记名股的转让，由股东将该股票交付给受让人后即发生转让的效力。

③发起人转让的限制：公司公开发行股份前已发行的股份，自公司股票在证券交易所上市交易之日起一年内不得转让。法律、行政法规或者国务院证券监督管理机构对上市公司的股东、实际控制人转让其所持有的本公司股份另有规定的，从其规定。

④董事、监事、高级管理人员转让股份的限制：公司董事、监事、高级管理人员应当向公司申报所持有的本公司的股份及其变动情况，在就任时确定的任职期间每年转让的股份不得超过其所持有本公司股份总数的百分之二十五；所持本公司股份自公司股票上市交易之日起一年内不得转让。上述人员离职后半年内，不得转让其所持有的本公司股份。公司章程可以对公司董事、监事、高级管理人员转让其所持有的本公司股份作出其他限制性规定。股份在法律、行政法规规定的限制转让期限内出质的，质权人不得在限制转让期限内行使质权。

（五）股份回购

《公司法》第162条规定，公司不得收购本公司股份，但是有下列情形之一的除外：

①减少公司注册资本；

②与持有本公司股份的其他公司合并；

③将股份用于员工持股计划或者股权激励；

④股东因对股东会作出的公司合并、分立决议持异议，要求公司收购其股份；

⑤将股份用于转换公司发行的可转换为股票的公司债券；

⑥上市公司为维护公司价值及股东权益所必需。

公司因前款第一项、第二项规定的情形收购本公司股份的，应当经股东会决议；公司因前款第三项、第五项、第六项规定的情形收购本公司股份的，可以按照公司章程或者股东会的授权，经三分之二以上董事出席的董事会会议决议。

公司依照本条第一款规定收购本公司股份后，属于第一项情形的，应当自收购之日起10日内注销；属于第二项、第四项情形的，应当在6个月内转让或者注销；属于第三项、第五项、第六项情形的，公司合计持有的本公司股份数不得超过本公司已发行股份总数的百分之十，并应当在3年内转让或者注销。

上市公司收购本公司股份的，应当依照《中华人民共和国证券法》的规定履行信息披露义务。上市公司因本条第一款第三项、第五项、第六项规定的情形收购本公司股份的，应当通过公开的集中交易方式进行。

公司不得接受本公司的股份作为质权的标的。

第四节　公司的董事、监事、高级管理人员

在公司的组织结构下，股东并不直接参与公司经营管理。股东组成的股东会只对重大事项才有决策权。股东只有以董事、监事或者高级管理人员的身份才能参与公司经营管理。在实践中，控股股东往往自己委托他人担任公司的董事长或者总经理，以方便控制公司。

一、公司董事、监事、高级管理人员的任职资格

公司董事、监事、高级管理人员是代表公司组织机构行使职权的人员，在公司中处于重要地位，并依法具有法定的职权。

《公司法》第178条规定，有下列情形之一的，不得担任公司的董事、监事、高级管理

人员：①无民事行为能力或者限制民事行为能力；②因贪污、贿赂、侵占财产、挪用财产或者破坏社会主义市场经济秩序，被判处刑罚，或者因犯罪被剥夺政治权利，执行期满未逾5年，被宣告缓刑的，自缓刑考验期满之日起未逾2年；③担任破产清算的公司、企业的董事或者厂长、经理，对该公司、企业的破产负有个人责任的，自该公司、企业破产清算完结之日起未逾3年；④担任因违法被吊销营业执照、责令关闭的公司、企业的法定代表人，并负有个人责任的，自该公司、企业被吊销营业执照、责令关闭之日起未逾3年；⑤个人因所负数额较大债务到期未清偿被人民法院列为失信被执行人。

违反前款规定选举、委派董事、监事或者聘任高级管理人员的，该选举、委派或者聘任无效。董事、监事、高级管理人员在任职期间出现本条第一款所列情形的，公司应当解除其职务。

二、公司的董事、监事、高级管理人员的法定义务

《公司法》规定，公司董事、监事、高级管理人员应当遵守法律、行政法规和公司章程，对公司负有忠实义务和勤勉义务。

1. 忠实义务

董事、监事、高级管理人员对公司负有忠实义务，应当采取措施避免自身利益与公司利益冲突，不得利用职权牟取不正当利益。忠实义务规范包括禁止类规则和限制类规则两种。

《公司法》第181条明确禁止董事、监事、高级管理人员从事的违反忠实义务的行为有：

①侵占公司财产、挪用公司资金；

②将公司资金以其个人名义或者以其他个人名义开立账户存储；

③利用职权贿赂或者收受其他非法收入；

④接受他人与公司交易的佣金归为己有；

⑤擅自披露公司秘密；

⑥违反对公司忠实义务的其他行为。

《公司法》限制董事、监事、高级管理人员从事的违反忠实义务的行为有：

①关联交易。董事、监事、高级管理人员直接或者间接与本公司订立合同或者进行交易是典型的关联交易，应当就与订立合同或者进行交易有关的事项向董事会或者股东会报告，并按照公司章程的规定经董事会或者股东会决议通过。

②利用公司商业机会。《公司法》规定，董事、监事、高级管理人员，不得利用职务便利为自己或者他人谋取属于公司的商业机会。但是，有下列情形之一的除外：

一是向董事会或者股东会报告，并按照公司章程的规定经董事会或者股东会决议通过；

二是根据法律、行政法规或者公司章程的规定，公司不能利用该商业机会。

③经营同类业务。《公司法》规定，董事、监事、高级管理人员未向董事会或者股东会报告，并按照公司章程的规定经董事会或者股东会决议通过，不得自营或者为他人经营与其任职公司同类的业务。

董事、监事、高级管理人员违反忠实义务规定所得的收入应当归公司所有。

2. 勤勉义务

所谓勤勉义务，是指公司管理者应当在执行公司职务时勤勉尽责，应当尽最大努力为公司或者股东的整体利益服务，并尽到管理者通常应有的合理注意义务。《公司法》并未集中列举违反勤勉义务的典型行为，而是在有些条款中规定的失职行为均与董事、监事、高级管理人员未尽勤勉义务有关。

《公司法》第188条规定，董事、监事、高级管理人员执行职务时违反法律、行政法规或者公司章程的规定，给公司造成损失的，应当承担赔偿责任。

三、董事、监事、高级管理人员的诉权

(一)股东代表诉讼

股东代表诉讼，也称股东代位诉讼、股东间接诉讼，是指当董事、监事、高级管理人员或者他人的违反法律、行政法规或者公司章程的行为给公司造成损失，公司拒绝或者怠于向该违法行为人请求损害赔偿时，具备法定资格的股东有权代表其他股东，代替公司提起诉讼，请求违法行为人赔偿公司损失的行为。股东代表诉讼的目的是保护公司利益和股东共同利益，而不仅仅是个别股东的利益。

在此诉讼中，原告是具备法定资格的股东，被告是损害人，受益的是公司。公司在诉讼中是第三人。

根据责任人身份的不同与具体情况的不同，《公司法》第189条规定了提起股东代表诉讼的几个程序：

1. 股东对公司董事、监事、高级管理人员给公司造成损失行为提起诉讼的程序

①股东通过监事会或者监事提起诉讼。公司董事、监事、高级管理人员执行公司职务时违反法律、行政法规或者公司章程的规定，给公司造成损失的，有限责任公司的股东、股份有限公司连续180日单独或者合计持有公司百分之一以上股份的股东，可以书面请求监事会或者不设监事会的有限责任公司的监事向人民法院提起诉讼。

②股东通过董事会或者董事提起诉讼。公司监事执行公司职务时违反法律、行政法规或者公司章程的规定，给公司造成损失的，有限责任公司的股东、股份有限公司连续180

日以上或者合计持有公司百分之一以上股份的股东，可以书面请求监事会或者不设监事会的有限责任公司的监事向人民法院提起诉讼。

③股东以自己的名义提起股东代表诉讼。监事会或者董事会收到前款规定的股东书面请求后拒绝提起诉讼，或者自收到请求之日起 30 日内未提起诉讼，或者情况紧急、不立即提起诉讼将会使公司利益受到难以弥补的损害的，前款规定的股东有权为公司利益以自己的名义直接向人民法院提起诉讼。

2. 股东对他人给公司造成损失行为提起诉讼的程序

他人侵犯公司合法权益，给公司造成损失的，本条第一款规定的股东可以依照前两款的规定向人民法院提起诉讼。

公司全资子公司的董事、监事、高级管理人员有上述规定情形，或者他人侵犯公司全资子公司合法权益造成损失的，有限责任公司的股东、股份有限公司连续 180 日以上单独或者合计持有公司百分之一以上股份的股东，可以依照前三款规定书面请求全资子公司的监事会、董事会向人民法院提起诉讼或者以自己的名义直接向人民法院提起诉讼。

(二)股东直接诉讼

这是指董事、高级管理人员损害股东利益行为，股东提起的诉讼，针对股东的利益直接受损提起的诉讼。

《公司法》第 190 条规定，董事、高级管理人员违反法律、行政法规或者公司章程的规定，损害股东利益的，股东可以向人民法院提起诉讼。

第五节　公司的财务与会计

一、公司财务会计概述

(一)公司财务会计的概念

公司财务会计是指以财务会计法规、会计准则为主要依据，以货币为主要表现形式，对公司的整个财务状况和经营活动进行确认、计量、核算和报告，为公司管理者和其他利害关系人定期提供公司财务信息的活动。

公司财务会计反映的财务信息包括公司的财务状况和经营活动，如资产负债表、利润表、现金流量表等。公司财务会计服务的对象是公司管理者和其他利害关系人。其他利害关系人是指公司股东、债权人、潜在投资者、潜在的交易方、政府财税机关等。公司财务会计需要向外部公开财务信息，这与公司的管理会计或者考核指标数据等不同。

(二)公司财务会计制度的意义

公司财务会计涉及公司股东、债权人、潜在投资者、潜在交易方、公司管理者、政府相关部门等的利益，因此，公司的财务会计制度具有重要意义，主要表现为：

1. 有利于保护投资者和债权人的利益

普通投资者除通过参加股东(大)会决定一些重大事项外，一般不参与公司日常的生产经营，只能通过了解公司的生产经营状况和财务会计情况，维护自身的利益，监督公司董事、经理的行为。公司资产是对债权人的担保，公司财务状况如何，直接影响其债权是否能得到清偿。公司财务会计工作的规范化，可以保证公司正确核算经营成果，便于债权人更好地评估公司的信用，规避相应风险。

2. 有利于吸收社会投资和获得交易机会

投资者作出对公司是否投资的决定依赖于公司财务会计信息的披露。公司财务会计制度的规范化和公开化，可以使人们方便地了解到公司的经营状况和盈利能力，有利于吸收社会投资。潜在的交易方与公司进行交易时，往往要考察公司的实力，该实力是通过规范的财务会计反映的，因此，规范的财务会计工作可以使公司获得相应的交易机会。

3. 有利于政府对企业的监督管理

规范的财务会计制度可以使国家财税部门得以切实监督和检查公司的财产运营状况，掌握公司盈亏情况，保证国家各项税收的及时缴纳。同时，公司健全的财务会计制度有利于正确记录、反映公司的经营状况，有利于政府制定政策，实施宏观经济管理。

二、公司财务会计报告

(一)公司财务会计报告的内容

我国《公司法》第208条规定，公司应当在每一会计年度终了时编制财务会计报告，并依法经会计师事务所审计。财务会计报告应当依照法律、行政法规和国务院财政部门的规定制作。尽管根据公司的组织形式不同，财务会计报告的要求也有不同，但是，公司财务会计报告主要包括以下内容：

1. 资产负债表

资产负债表反映的是公司的资产和负债规模、资产和负债构成情况、公司的权益结构，进而反映公司的短期偿债能力和支付能力，同时通过公司前后期资产负债表的对比，反映公司财务状况的变化。

2. 利润表

利润表反映的是公司在一定经营期间的经营成果及其分配情况，反映了公司的长期偿债能力，也是缴纳国家各项税收的依据。

3. 现金流量表

现金流量表反映的是公司在一定期间的现金和现金等价物流入和流出的会计报表，有利于判断公司的现金流量和资金周转情况。

4. 附注

附注是对会计报表列示的内容的进一步说明，以便于向知晓公司财务会计信息的使用者提供更加全面的财务会计信息。

(二)公司财务会计报告的编制、验证和公示

根据《公司法》有关规定，公司财务会计报告公司应当由董事会负责编制，并对其真实性、完整性和准确性负责。公司除法定的会计账簿外，不得另立会计账簿。对公司资产，不得以任何个人名义开立账户存储。

公司应当依法聘用会计师事务所对财务会计报告审查验证。审计是否为公司编制财务报告后的必要程序，取决于法律、行政法规、监管规章、公司章程等是否对公司设定强制审计义务。如果法律、行政法规、监管规章等无强制审计规定，则公司可以自主决定是否对其财务报告进行审计。

公司应当依法披露有关财务、会计资料。有限责任公司应当按照公司章程规定的期限将财务会计报告提交股东。股份有限公司的财务会计报告应当在召开股东大会年会的20日前置备于本公司，供股东查阅；公开发行股票的股份有限公司必须公告其财务会计报告。

三、利润分配规则

(一)利润分配的财务规则

我国《公司法》的利润分配财务规则遵循传统资本维持模式的思路，通过将分配对象限定于"税后利润"，并以提取盈余公积金和弥补亏损为分配利润的先决条件，试图在账面上维护并巩固公司实收资本或股本，从而使公司在账面上保有吸收经营损失的缓冲。

具体来说，《公司法》的利润分配规则有以下几个要点：

①公司只能向股东分配税后利润；

②分配"当年税后利润"之前，必须提取税后利润的百分之十列入法定公积金，法定公

积金累计额为公司注册资本的百分之五十以上的，可以不再提取；

③公司的法定公积金不足以弥补以前年度亏损的，在依照上述规定提取法定公积金之前，应当先用当年利润弥补亏损；

④公司可以自愿从税后利润中提取"任意公积金"，但须由股东会作出决议；

⑤弥补亏损和提取公积金后所余税后利润，通常应按股东持股比例分配（具体来说，有限责任公司按照股东实缴的出资比例分配，但全体股东约定不按照出资比例分配的除外；股份有限公司按照股东持有的股份比例分配，公司章程另有规定的除外）。

（二）违法利润分配的表现和法律责任

1. 违法利润分配的表现

实践中，常见的违法利润分配有以下表现：

①公司无利润而实施分配。

②公司有利润，未作分配决议就将公司收入以分红名义直接支付给股东。

③公司有利润，履行了利润分配的决议程序（如股东会通过了分配利润决议），但未提取法定公积金就实施分配。

④公司与股东之间订立不以"税后利润"为分配基础的定额股息或定额回报协议，公司履行该类协议的行为也可能被法院认定为违法分配。

2. 违法利润分配的法律责任

①财产返还责任。该项责任属于无过错责任。无论股东对违法分配是否知情，股东都应该将违反规定分配给自己的利润退还给公司。

②损害赔偿责任。如果违法分配给公司造成损失，股东及负有责任的董事、监事、高级管理人员应当承担赔偿责任。

（三）公积金规则

1. 公积金的概念

公积金，又称储备金或准备金，是指为巩固公司的财务基础，依据法律和公司章程的规定或股东会的决议，按确定的比例从公司利润或其他收入中提取的，用于维持公司资本的基金。公积金只能留存于公司，不能作为股利分配。[①]《公司法》规定了三个公积金概念：一是法定公积金，二是任意公积金，三是资本公积金。前两种公积金都来源于公司盈

---

① 石少侠.公司法概论[M].北京：当代世界出版社，2000：242.

余，因此也可以把它们称为"法定盈余公积金"和"任意盈余公积金"。

资本公积金是直接由资本原因形成的公积金，属于资本的储备。公司以超过股票票面金额的发行价格发行股份所得的溢价款、发行无面额股所得股款未计入注册资本的金额以及国务院财政部门规定列入资本公积金的其他项目，应当列为公司资本公积金。

2. 公积金的用途

公积金应当按照规定的用途使用，其用途主要如下：

(1)弥补公司亏损

亏损即利润额呈负数的状态。公司弥补亏损的第一顺序财源是公司的任意公积金和法定公积金，这两项公积金仍不足以弥补亏损的，可以按照规定使用资本公积金。这一要求的目的是限制公司分配利润，优先以利润弥补亏损。

(2)扩大公司生产经营

公司可以根据生产经营的需要，用公积金来扩大生产经营规模。

(3)转增公司资本

公司为了实现增加资本的目的，可以将公积金的一部分转为资本。对用任意公积金转增资本的，法律没有限制，但用法定公积金转增资本时，《公司法》第214条规定，转增后所留存的该项公积金不得少于转增前公司注册资本的百分之二十五。

第六节　公司的合并与分立

一、公司合并

(一)公司合并的概念与方式

1. 公司合并的概念

公司合并是指两个以上的公司依照法定程序，不需要经过清算程序，直接合并为一个公司的行为。公司合并不同于公司并购。公司并购是一个更宽泛的概念，指各种涉及公司控制权转移和合并的企业横向或纵向整合行为，既包括公司合并，也包括资产收购、股权收购等方式。

2. 公司合并的方式

公司合并的方式有两种：一是吸收合并，即指一个公司吸收其他公司加入本公司，被吸收的公司解散；二是新设合并，即指两个以上公司合并设立一个新的公司，合并各方解散。

无论是吸收合并还是新设合并，都会导致合并前的公司中至少有一个会在合并后消失。就效果而言，合并不是唯一能够达成企业横向或纵向整合效果的手段。资产收购和股权收购(一般称之为并购)，辅以其他手段，也可以达成与吸收合并类似的效果。

(二)公司合并的程序

1. 签订合并协议

公司合并应当由合并各方签订合并协议。合并协议应当包括以下主要内容：①合并各方的名称、住所；②合并后存续公司或新设公司的名称、住所；③合并各方的债权债务处理办法；④合并各方的资产状况及其处理办法；⑤存续公司或新设公司因合并而增资所发行的股份总额、种类和数量；⑥合并各方认为需要载明的其他事项。

2. 编制资产负债表及财产清单

资产负债表是公司财务状况的重要反映，应该由公司的财务人员依法编制，并记录公司的实际资产负债、所有者权益情况。

3. 参与合并的公司各自作出合并决议

合并决议由股东(大)会作出，并采取特别多数决方式。但是下列两种情况例外：

①公司与其持股90%以上的公司合并，被合并的公司无须经股东会决议，但应当通知其他股东，其他股东有权请求公司按照合理的价格收购其股权或者股份；

②公司合并支付的价款不超过本公司净资产百分之十的，可以不经股东会决议；但是，公司章程另有规定的除外。

上述两款规定的公司合并不经股东会决议的，应当经董事会作出决议。

4. 通知债权人

公司应当自作出合并决议之日起10日内通知债权人，并于30日内在报纸上公告。债权人自接到通知书之日起30日内，未接到通知书的自公告之日起45日内，可以要求公司清偿债务或者提供相应的担保。

5. 依法进行公司登记

公司合并后，应当依法向公司登记机关办理相应的变更登记、注销登记、设立登记。

(三)公司合并各方债权、债务的承接

《公司法》第221条规定，公司合并时，合并各方的债权、债务，应当由合并后存续的公司或者新设的公司承继。

二、公司分立

(一)公司分立的方式与效果

公司分立是指一个公司依法分为两个以上的公司。公司分立的方式有两种:一是派生分立,又称存续式分立,即公司以其部分财产另设一个或数个新的公司,原公司存续;二是新设分立,即公司以其全部财产分别归入两个以上的新设公司,原公司解散。

(二)公司分立的程序

公司分立的程序与公司合并的程序基本一样,要签订分立协议,编制资产负债表及财产清单,作出分立决议,通知债权人,办理工商变更登记。需要注意的是,公司分立程序中的通知债权人程序与公司合并程序不同。根据《公司法》规定,公司应当自作出分立决议之日起10日内通知债权人,并于30日内在报纸上或者国家企业信用信息公示系统公告,债权人并没有要求公司清偿债务或者提供相应担保的权利。

(三)公司分立后债权债务的承担

《公司法》第223条规定,公司分立前的债务由分立后的公司承担连带责任。但是,公司在分立前与债权人就债务清偿达成的书面协议另有约定的除外。根据此规定,除非经过债权人同意,否则分立后的所有存续公司都对分立前的公司债务承担连带责任。这体现了对债权人利益的保护。

第七节 公司的解散与清算

一、公司解散

(一)公司解散的概念与特征

公司解散,是指公司发生章程规定或者法定的除破产之外的解散事由而停止业务活动,并进入清算程序的过程。其特征为:

①公司解散事由发生后,公司并未终止,仍然具有法人资格,可以自己的名义开展与清算相关的活动,直到清算完毕并注销后才消灭其主体资格。

②除公司因合并或分立而解散,不必进行清算外,公司解散必须经过法定清算程序。

③公司解散的目的是终止其法人资格。

(二)公司解散原因

《公司法》第 229 条规定，公司因下列原因解散：

①公司章程规定的营业期限届满或者公司章程规定的其他解散事由出现；

②股东会决议解散；

③因公司合并或者分立需要解散；

④依法被吊销营业执照、责令关闭或者被撤销；

⑤人民法院依照本法第 231 条的规定予以解散。

公司出现前款规定的解散事由，应当在 10 日内将解散事由通过国家企业信用信息公示系统予以公示。

(三)人民法院司法解散

1. 人民法院司法解散的概念

根据《公司法》规定，公司经营管理发生严重困难，继续存续会使股东利益受到重大损失，通过其他途径不能解决的，持有公司全部股东表决权百分之十以上的股东，可以请求人民法院解散公司。这其实是一种解决公司僵局的措施。

2. 人民法院司法解散公司的条件

根据《公司法》司法解释的相关规定，有下列事由之一，公司继续存续会使股东利益受到重大损失，通过其他途径不能解决的，提起解散公司诉讼，人民法院应当受理：

①公司持续 2 年以上无法召开股东大会，公司经营管理发生严重困难的；

②股东表决时无法达到法定或者公司章程规定的比例，持续 2 年以上不能作出有效的股东会决议，公司经营管理发生严重困难的；

③公司董事长期冲突，且无法通过股东会解决，公司经营管理发生严重困难的；

④经营管理发生其他严重困难，公司继续存续会使股东利益受到重大损失的情形。

二、公司的清算

(一)公司清算的概述

公司清算，是指公司解散或被依法宣告破产后，依照一定的程序结束公司事务，收回债权，偿还债务，清理资产，并分配剩余财产，终止消灭公司的过程。公司被依法宣告破产的，依照有关企业破产的法律实施破产清算。公司解散后进入清算程序是为了公平地分配公司财产，保护股东和债权人的利益，同时也是为了保护职工利益。因此，公司出现解散事由时，应当依法启动清算。如果公司不自行清算，则由人民法院指定清算组，强制启动清算。

(二)清算义务人及其责任

清算义务人，是指有义务组织公司清算的人。根据《公司法》规定，董事为公司清算义务人，应当在解散事由出现之日起 15 日内组成清算组进行清算。清算义务人未及时履行清算义务，给公司或者债权人造成损失的，应当承担赔偿责任。

(三)强制启动清算

公司依照上述规定应当清算，逾期不成立清算组进行清算或者成立清算组后不清算的，利害关系人可以申请人民法院指定有关人员组成清算组进行清算。人民法院应当受理该申请，并及时组织清算组进行清算。根据公司法司法解释，这里的"利害关系人"可以是公司的股东、债权人等。

公司因依法被吊销营业执照、责令关闭或者被撤销而解散的，可以申请人民法院指定有关人员组成清算组进行清算。

(四)公司在清算期间的行为限制

公司进入清算程序后，其行为受到以下限制：

清算期间，公司不再从事新的经营活动，仅局限于清理公司已经发生但尚未了结的事务，包括清偿债务、实现债权以及处理公司内部事务等。

清算期间，公司的代表机构为清算组。清算组负责处理未了事务，代表公司对外进行诉讼。在公司依法清算结束并办理注销登记前，有关公司的民事诉讼，仍应当以公司的名义进行。在清算组未成立前，由原公司法定代表人代表公司进行诉讼。成立清算组后，由清算组负责人代表公司参加诉讼。

清算期间，公司财产在未按照法定程序清偿前，不得分配给股东。

(五)清算组及其组成

《公司法》规定，清算组由公司清算义务人董事组成，但是公司章程另有规定或者股东会决议另选他人的除外。根据《最高人民法院关于适用〈中华人民共和国公司法〉若干问题(二)》的规定，人民法院组织清算组进行清算，清算组成员可以从下列人员或者机构中产生：

①公司股东、董事、监事、高级管理人员；

②依法设立的律师事务所、会计师事务所、破产清算事务所等社会中介机构；

③依法设立的律师事务所、会计师事务所、破产清算事务所等社会中介机构中具备相关专业知识并取得执业资格的人员。

人民法院指定的清算组成员有下列情形之一的，人民法院可以根据债权人、股东的申请，或者依职权更换清算组成员：

①有违反法律或者行政法规的行为；

②丧失执业能力或者民事行为能力；

③有严重损害公司或者债权人利益的行为。

（六）清算组的职权和义务

《公司法》第234条规定，清算组在清算期间行使下列职权：

①清理公司财产，分别编制资产负债表和财产清单；

②通知、公告债权人；

③处理与清算有关的公司未了结的业务；

④清缴所欠税款以及清算过程中产生的税款；

⑤清理债权、债务；

⑥分配公司清偿债务后的剩余财产；

⑦代表公司参与民事诉讼活动。

清算组在公司清算期间代表公司进行一系列民事活动，全权处理公司经济事务和民事诉讼活动。《公司法》第238条规定，清算组成员履行清算职责，负有忠实义务和勤勉义务。清算组成员怠于履行清算职责，给公司造成损失的，应当承担赔偿责任；因故意或者重大过失给债权人造成损失的，应当承担赔偿责任。

（七）清算程序

1. 通知债权人

清算组应当自成立之日起10日内将公司解散清算事宜通知全体已知债权人，将清算组成员、清算组负责人通过国家企业信用信息公示系统公告，并于60日内在报纸上公告。清算组可以通过国家企业信用信息公示系统发布债权人公告。

2. 债权申报和登记

债权人应当自接到通知书之日起30日内，未接到通知书的自公告之日起45日内，向清算组申报其债权。债权人申报债权，应当说明债权的有关事项并提供证明材料。清算组应当对债权进行核定登记。在申报债权期间，清算组不得对债权人进行清偿。

3. 清理公司财产，制订清算方案

清算组应当对公司财产进行清理，编制资产负债表和财产清单，制订清算方案。

4. **清偿债务**

公司财产在分别支付清算费用、职工的工资、社会保险费用和法定补偿金，缴纳所欠税款，清偿公司债务后的剩余财产，有限责任公司按照股东的出资比例分配，股份有限公司按照股东持有的股份比例分配。清算期间，公司存续，但不得开展与清算无关的经营活动。

5. 财产不足偿债，申请破产清算

清算组在清理公司财产、编制资产负债表和财产清单后，发现公司财产不足清偿债务的，应当依法向人民法院申请破产清算。人民法院受理破产申请后，清算组应当将清算事务移交给人民法院指定的破产管理人。

6. 确认清算报告，申请注销登记

公司清算结束后，清算组应当制作清算报告，报股东会或者人民法院确认，并报送公司登记机关，申请注销公司登记。清算组应当自清算结束之日起30日内向登记机关申请注销登记。公司申请注销登记前，应当依法办理分支机构注销登记。

三、注销登记

根据国务院《市场主体登记管理条例》，公司因解散、被宣告破产或者其他法定事由需要终止的，应当依法向登记机关申请注销登记。经登记机关注销登记，公司终止。公司注销依法须经批准的，应当经批准后向登记机关申请注销登记。

《公司法》规定了两种特别注销程序：

1. 简易注销程序

公司在存续期间未产生债务，或者已清偿全部债务的，经全体股东承诺，可以按照简易程序办理注销登记。通过简易程序注销公司登记，应当通过国家企业信用信息公示系统予以公告，公告期限不少于20日。公告期限届满后，未有异议的，公司可以在20日内向公司登记机关申请注销公司登记。公司通过简易程序注销公司登记，股东对上述公司债务情况承诺不实的，应当对注销登记前的债务承担连带责任。

公司注销依法须经批准的，或者公司被吊销营业执照、责令关闭、撤销，或者被列入经营异常名录的，不适用简易注销程序。

2. 强制注销程序

公司被吊销营业执照、责令关闭或者被撤销，满3年未向公司登记机关申请注销公司登记的，公司登记机关可以通过国家企业信用信息公示系统予以公告，公告期限不少于60日。公告期限届满后，未有异议的，公司登记机关可以注销公司登记。依照上述规定注销公司登记的，原公司股东、清算义务人的责任不受影响。

◎ **练习题**

1. 简述公司的概念与分类。

2. 简述有限责任公司股权转让的规则。

3. 什么是异议股东的回购请求权？在何种情况下股东可以行使？

4. 股份有限公司对发起人及高管股权转让的限制是什么？

5. 公司在何种情况下可以购买本公司的股票？

6. 什么是股东代表诉讼？行使的条件是什么？

7. 简述上市公司的概念及法律对其的特别规定。

第四章　创业中的合同管理

◎ **引言**

创业者从筹备设立企业、日常经营管理到购买原材料、销售货物都会遇到各种合同问题。依法签订并履行合同是保证创业成功的关键。创业者应掌握合同相关的基本法律规定，以避免合同引发的风险，真正做到依法与他人建立良好的合作关系，保护创业者以及企业的合法权益，用法律为企业发展保驾护航，运用合同法律知识解决创业中的合同纠纷与争议。

◎ **本章引例**

甲企业发出传真订货，该传真列明了货物的种类、数量、质量、供货时间、交货方式等，并要求乙在 10 日内报价。乙接受甲发出传真列明的条件并按期报价，亦要求甲在 10 日内回复；甲按期复电同意其价格，并要求签订书面合同。乙在未签订书面合同的情况下按甲提出的条件发货，甲收货后未提出异议，亦未付货款。后因市场发生变化，该货物价格下降。甲遂向乙提出，由于双方未签订书面合同，买卖关系不能成立，故乙应尽快取回货物。乙不同意甲的意见，要求其偿付货款。随后，乙发现甲放弃其对关联企业的到期债权，并向其关联企业无偿转让财产，可能使自己的货款无法得到清偿，遂向人民法院提起诉讼。

根据上述材料，回答以下问题：

1. 试述甲传真订货，乙报价，甲回复报价行为的法律性质。

2. 该买卖合同是否成立？并说明理由。

3. 对甲放弃到期债权无偿转让财产的行为，乙可向人民法院提出何种权利请求，以保护其利益不受侵害？对乙行使该权利的期限，法律有何规定？

第一节　合同概述

一、合同的概念与性质

(一)合同的概念

《民法典》所称"合同",是指民事主体之间设立、变更、终止民事法律关系的协议。根据这个定义,合同是平等主体之间的民事法律关系,任何一方无论其所有制性质及行政地位,都不能将自己的意志强加给对方。同时由于合同是一种双方或多方的民事法律行为,因此,合同成立不但要求当事人有意思表示,而且要求当事人之间的意思表示一致。

(二)合同的法律性质

1. 合同是一种民事法律行为

合同以意思表示为要素并且按意思表示的内容赋予法律效果,故为法律行为,而非事实行为。

2. 合同是两方以上当事人的意思表示一致的法律行为

合同的成立必须有两方以上的当事人,他们相互为意思表示,并且意思表示相一致。这是合同区别于单方法律行为的重要标志。单方法律行为,如遗嘱、单方允诺等,仅需一方当事人的意思表示即可成立并生效,无须对方当事人的同意或配合。

3. 合同是以设立、变更、终止民事权利义务关系为目的的法律行为

法律行为均有目的性,合同的目的性在于设立、变更、终止民事权利义务关系。所谓设立,是指当事人通过意思表示,使他们之间产生民事权利义务关系的行为。所谓变更,是指当事人对于已经设立的民事权利义务关系,通过意思表示使其发生变化,形成新的民事权利义务关系的行为。所谓终止,是指当事人通过意思表示,使他们之间既有的民事权利义务关系归于消灭的行为。

4. 合同是当事人各方在平等、自愿的基础上产生的法律行为

在民法上,当事人各方在订立合同时的法律地位是平等的,所为意思表示是自主自愿的。在现代法上,为实现合同正义,自愿或者说自由时常受到限制,如强制缔约、格式合同等。

二、合同法概述

(一)合同法的立法概况

合同法是调整平等主体之间商品交换关系的法律规范的总称。合同法的基本规范集中在《民法典》第三编合同编中。该编分通则、典型合同、准合同三个分编，共 29 章 526 条，主要沿续了 1999 年通过的《合同法》的相关规定。《民法典》自 2021 年 1 月 1 日起实施，《合同法》同时废止。与合同制度密切相关的司法解释有：《关于适用〈中华人民共和国民法典〉合同编通则若干问题的解释》《关于审理建设工程施工合同纠纷案件适用法律问题的解释(一)》《关于审理买卖合同纠纷案件适用法律问题的解释》《关于审理融资租赁合同纠纷案件适用法律问题的解释》《关于审理城镇房屋租赁合同纠纷案件具体应用法律若干问题的解释》《关于审理民间借贷案件适用法律若干问题的规定》等。

(二)合同法的特征

合同法具有以下特征：

1. 合同法属私法范畴

合同作为一种法律事实，是当事人之间自由约定、协商一致的结果。如果当事人之间的约定合法，则这些约定在当事人之间产生相当于法律的效力。

2. 合同法体现意思自治原则

合同法主要是通过任意性法律规范而不是强制性法律规范特征合同关系。合同法通过任意性规范或引导当事人的行为，或补充当事人意思的不完整。合同法对当事人意思自治的限制，即合同法中的强制性规范，被严格限制在合理与必要的范围之中。

3. 合同法规范财产交易

合同法主要调整财产的流转关系，即从动态角度为财产关系提供法律保护。

(三)《民法典》合同编的适用范围

调整因合同产生的债权债务关系，同时还适用于非因合同产生的债权债务关系，如基于侵权行为产生的债权债务关系。《民法典》第 468 条规定，非因合同产生的债权债务关系，适用有关该债权债务关系的法律规定；没有规定的，适用合同编通则的有关规定，但是根据其性质不能适用的除外。

类推适用于有关身份关系的协议。《民法典》第 464 条第 2 款规定，婚姻、收养、监护等有关身份关系的协议，适用有关该身份关系的法律规定；没有规定的，可以根据其性质参照适用合同编的规定。

涉外合同的当事人可以选择处理合同争议所适用的法律，但法律另有规定的除外。涉外合同的当事人对此没有选择的，适用与合同有最密切联系的国家的法律。但在中华人民共和国境内履行的中外合资经营企业合同、中外合作经营企业合同、中外合作勘探开发自然资源合同，只能适用中华人民共和国法律。

三、合同的分类

(一)有名合同与无名合同①

根据《民法典》合同编是否对合同规定有确定的名称与调整规则为标准，可将合同分为有名合同与无名合同。有名合同是立法上规定了确定名称与规则的合同，又称典型合同，如《民法典》合同编在第二分编中规定的买卖合同、赠与合同、借款合同、租赁合同等各类合同。无名合同是立法上尚未规定有确定名称与规则的合同，又称非典型合同。区分两者的法律意义在于法律适用的不同。有名合同可直接适用《民法典》合同编第二分编中关于该种合同的具体规定。对无名合同则只能在适用《民法典》合同编第一分编通则的同时，参照适用《民法典》合同编第二分编或者其他法律最相类似合同的规定。

(二)单务合同与双务合同

根据合同当事人是否相互负有对价义务为标准，可将合同分为单务合同与双务合同。此处的对价义务并不要求双方的给付价值相等，而只是要求双方的给付具有相互依存、相互牵连的关系即可。单务合同是指仅有一方当事人承担义务的合同，如赠与合同。双务合同是指双方当事人互负对价义务的合同，如买卖合同、承揽合同、租赁合同等。区分两者的法律意义在于：双务合同中当事人之间的给付义务具有依存和牵连关系，故双务合同中存在同时履行抗辩权和风险负担的问题，而单务合同则无这些问题。

(三)有偿合同与无偿合同

根据合同当事人是否因给付取得对价为标准，可将合同分为有偿合同与无偿合同。有偿合同是指合同当事人为从合同中得到利益要支付相应对价给付(此给付并不局限于财产的给付，也包含劳务、事务等)的合同。买卖、租赁雇佣、承揽、行纪等都是有偿合同。无偿合同是指只有一方当事人作出给付，或者虽然是双方作出给付但双方的给付间不具有

---

① 崔建远．合同法：第八版[M]．北京：法律出版社，2024：31.

对价意义的合同。赠与合同是典型的无偿合同，另外，委托、保管合同如果没有约定利息和报酬的，也属于无偿合同。

(四)诺成合同与实践合同

根据合同成立除当事人的意思表示以外，是否还需要其他现实给付为标准，可以将合同分为诺成合同与实践合同。诺成合同是指当事人意思表示一致即可认定合同成立的合同。实践合同是指在当事人意思表示一致以外，尚需有实际交付标的物或者有其他现实给付行为才能成立的合同。确认某种合同属于实践合同必须法律有规定或者当事人之间有约定。常见的实践合同有保管合同、自然人之间的借贷合同、定金合同。根据《民法典》的规定，赠与合同、质押合同不是实践合同。

区分两者的法律意义在于：除了两种合同的成立要件不同以外，实践合同中作为合同成立要件的给付义务的违反不产生违约责任，至多构成缔约过失责任。

(五)要式合同与不要式合同

法律约定或当事人约定必须采用特定形式订立的合同为要式合同；对合同形式没有特定要求的是不要式合同。

(六)主合同与从合同

根据合同相互间的主从关系为标准划分，如贷款合同与担保合同即为主合同与从合同的关系。

第二节　合同的订立

一、合同订立程序

当事人订立合同的一般程序包括要约、承诺两个阶段。

(一)要约

1. 要约

要约是指希望和他人订立合同的意思表示。要约可以向特定人发出，也可以向非特定人发出。在商业活动及对外贸易中，要约常被称作发价、发盘、出盘、报价等。根据《民法典》规定，一项有效要约应当符合下列规定：

①内容具体确定。此项条件要求该意思表示已经具备了未来合同的必要内容。

②表明经受要约人承诺，要约人即受该意思表示的约束。

2. 要约邀请

要约邀请，又称要约引诱，依据《民法典》的规定，要约邀请是希望他人向自己发出要约的意思表示。其目的不是订立合同，而是邀请相对人向其发出要约的意思表示，所以要约邀请只是当事人订立合同的预备行为，其本身并不发生法律效果。它与要约的法律意义和法律效果不同，需要加以区别：①从当事人的目的看，一定要有缔结合同的目的，若欠缺缔结合同的目的，则不是要约；②从法律的规定看，法律有明文规定的依其规定；③法律无明文规定时，亦按照意思表示的内容是否明确交易习惯和社会的一般观念等加以判断。

一般来说，拍卖公告、招标公告、招股说明书、债券募集办法、基金招募说明书、商业广告和宣传、寄送的价目表等为要约邀请。但是商业广告的内容符合要约的规定，则视为要约。

注意以下两点：

①悬赏广告是要约。《民法典》第 499 条规定，悬赏人以公开方式声明对完成特定行为的人支付报酬的，完成该行为的人可以请求其支付。

②商品房的销售广告和宣传资料是要约邀请。① 根据《最高人民法院关于审理商品房买卖合同纠纷案件适用法律若干问题的解释》第 3 条规定，商品房的销售广告和宣传资料为要约邀请，但是出卖人就商品房开发规划范围内的房屋及相关设施所作的说明和允诺具体确定，并对商品房买卖合同的订立以及房屋价格的确定有重大影响的，应当视为要约。该说明和允诺即使未载入商品房买卖合同，亦应当视为合同内容，当事人违反的，应当承担违约责任。

3. 要约的生效时间

《民法典》第 137 条规定，以对话方式作出的意思表示，相对人知道其内容时生效。

以非对话方式作出的意思表示，到达相对人时生效。以非对话方式作出的采用数据电文形式的意思表示，相对人指定特定系统接收数据电文的，该数据电文进入该特定系统时生效；未指定特定系统的，相对人知道或者应当知道该数据电文进入其系统时生效。当事人对采用数据电文形式的意思表示的生效时间另有约定的，按照其约定。

4. 要约的撤回与撤销

要约的撤回，指要约人在要约生效之前，使要约不发生法律效力的行为。为了尊重要

---

① 刘廷华．合同法理论与实务［M］．长春：吉林大学出版社，2022：123.

约人的意志和保护要约人的利益，只要要约撤回的通知先于或同时与要约到达受要约人，就可产生撤回的效力。这也不损害受要约人的利益。在电子合同场合，由于数据电文的传输速度太快，要约的撤回在现有的技术条件下难以达到。

要约也可以撤销。要约的撤销，指要约人在要约生效以后，受要约人发出承诺的通知之前，将该项要约取消，使要约的法律效力归于消灭的意思表示。由于要约的撤销往往不利于受要约人，只有在符合一定条件才允许撤销。①《联合国国际货物销售公约》第16条、第24条及《民法典》第476条、第477条规定，要约撤销的通知应当于受要约人发出承诺通知前到达受要约人。

要约可以撤销，但是有下列情形之一的除外：

①要约人已确定承诺期限或以其他形式明示要约不可撤销；

②受要约人有理由认为要约是不可撤销的，并已经为履行合同做了准备工作。

5. 要约的失效

要约的失效，指要约丧失其法律效力，要约人和受要约人均不再受其约束。《民法典》第478条规定，有下列情形之一的，要约失效：①要约被拒绝；②要约被依法撤销；③承诺期限届满，受要约人未作出承诺；④受要约人对要约的内容作出实质性变更。

（二）承诺

承诺是受要约人同意要约的意思表示。承诺应当由受要约人向要约人作出，并在要约确定的期限内到达要约人。

1. 承诺期限

要约确定的期限称为承诺期限。对于承诺期限的起算，法律规定：要约以信件或者电报作出的，承诺期限自信件载明的日期或者电报交发之日开始计算。信件未载明日期的，自投寄该信件的邮戳日期开始计算。要约以电话、传真、电子邮件等快速通讯方式作出的，承诺期限自要约到达受要约人时开始计算。

要约没有确定承诺期限的，承诺应当依照下列规定到达：①要约以对话方式作出的，应当即时作出承诺；②要约以非对话方式作出的，承诺应当在合理期限内到达。

2. 承诺的生效时间

承诺自通知到达要约人时生效。承诺不需要通知的，根据交易习惯或者要约的要求作

---

① 《民法典》第477条规定："撤销要约的意思表示以对话方式作出的，该意思表示的内容应当在受要约人作出承诺之前为受要约人所知道；撤销要约的意思表示以非对话方式作出的，应当在受要约人作出承诺之前到达受要约人。"

出承诺的行为时生效。采用数据电文形式订立合同，如同要约。承诺生效时合同成立。

3. 承诺的撤回

承诺可以撤回。撤回的通知应当在承诺到达要约人之前或者与承诺通知同时到达要约人，即在承诺生效前到达要约人。承诺生效，合同成立。因此，承诺不存在撤销的问题。

4. 承诺的迟延与迟到

迟延的承诺，是指受要约人超过承诺期限发出承诺，或者在承诺期限内发出承诺，按照通常情形不能及时到达要约人。《民法典》第486条规定，迟延的承诺除要约人及时通知受要约人该承诺有效的以外，应视为新要约。

迟到的承诺，是指受要约人在承诺期限内发出承诺，按照通常情形能够及时到达要约人，但是因其他原因致使承诺到达要约人时超过承诺期限。《民法典》第487条规定，迟到的承诺，除要约人及时通知受要约人因承诺超过期限不接受该承诺的以外，为有效承诺。

5. 承诺的内容

承诺的内容应当与要约的内容一致。《民法典》规定，受要约人对要约的内容作出实质性变更的，为新要约。有关合同标的、数量、质量、价款或者报酬、履行期限、履行地点和方式、违约责任和解决争议方法等内容的变更，是对要约内容的实质性变更。承诺对要约的内容作出非实质性变更的，除要约人及时表示反对或者要约表明承诺不得对要约的内容作出任何变更外，该承诺有效，合同的内容以承诺的内容为准。

(三)合同成立的时间与地点

1. 合同成立的时间

由于合同订立方式的不同，合同成立的时间也有不同：

①承诺生效时合同成立。这是大部分合同成立的时间标准。

②采用合同书形式订立的合同，双方当事人均签字、盖章或者按指印时合同成立。如当事人未同时在合同书上签字、盖章或者按指印，则以当事人中最后一方签字、盖章或者按指印的时间为合同的成立时间。

③当事人采用信件、数据电文等形式订立合同要求签订确认书的，签订确认书时合同成立。

对于第②、③种情形要注意的是，如果当事人未采用法律要求或者当事人约定的书面形式、合同书形式订立合同，或者当事人没有在合同书上签名、盖章或者按指印的，只要当事人一方已经履行主要义务，对方接受的，该合同成立。

当事人一方通过互联网等信息网络发布的商品或者服务信息符合要约条件的，对方选择该商品或者服务并提交订单成功时合同成立，但是当事人另有约定的除外。

2. 合同成立的地点

①承诺生效的地点为合同成立地。这是大部分合同成立的地点标准。

②采用数据电文形式订立合同的，收件人的主营业地为合同成立的地点；没有主营业地的，其住所地为合同成立的地点。当事人另有约定的，按照其约定。

③当事人采用合同书形式订立合同的，最后签名、盖章或者按指印的地点为合同成立的地点，但是当事人另有约定的除外。

3. 预约合同

当事人约定在将来一定期限内订立合同的认购书、订购书、预订书等，构成预约合同。

当事人一方不履行预约合同约定的订立合同义务的，对方可以请求其承担预约合同的违约责任。

二、合同的内容与形式

(一)合同的内容

1. 合同的条款

合同的内容由当事人约定，《民法典》规定，一般包括下列条款：当事人的姓名或者名称和住所；标的；数量；质量；价款或者报酬；履行期限、地点和方式；违约责任；解决争议的方法。

2. 格式条款

格式条款是当事人为了订立合同重复使用而预先拟定，并在订立合同时不允许对方协商变更的条款。格式条款的适用方便快捷，有利于双方当事人。但是，由于格式条款是一方当事人事先拟定，且在合同谈判中不允许对方协商修改，条款内容可能有不公平之处，所以《民法典》对格式条款进行了特别规定，以保证合同相对人的合法权益：

①采用格式条款订立合同的，提供格式条款的一方应当遵循公平原则，确定当事人之间的权利和义务，并采取合理的方式提示对方注意免除或者减轻其责任等与对方有重大利害关系的条款，按照对方的要求，对该条款予以说明。提供格式条款的一方未履行提示或者说明义务，致使对方没有注意或者理解与其有重大利害关系的条款的，对方可以主张该条款不成为合同的内容。

②格式条款具有《民法典》规定的合同无效和免责条款无效的情形，或者提供格式条款一方不合理地免除或者减轻其责任、加重对方责任、限制对方主要权利，或者提供格式条款一方排除对方的主要权利的，该条款无效。

③对格式条款的理解发生争议的，应当按照字面含义及通常理解予以解释。对格式条款有两种以上解释的，应当作出不利于提供格式条款一方的解释。格式条款与非格式条款不一致的，应当采用非格式条款。

3. 免责条款

免责条款是指合同当事人在合同中规定的排除或限制一方当事人未来责任的条款。基于合同自由原则，法律原则上不加干涉，但如事先约定的免责条款明显违反诚实信用原则及社会公共利益的，则法律规定为无效。《民法典》第 506 条规定，合同中的下列免责条款无效：

①造成对方人身损害的；

②因故意或者重大过失造成对方财产损失的。

(二) 合同的形式

根据《民法典》规定，当事人订立合同，可以采用书面形式、口头形式或者其他形式。

书面形式是合同书、信件、电报、电传、传真等可以有形地表现所载内容的形式。以电子数据交换、电子邮件等方式能够有形地表现所载内容，并可以随时调取查用的数据电文，视为书面形式。

(三) 合同条款的解释

当事人对合同条款的理解有争议的，有相对人意思表示的解释，按照所使用的词句，结合相关条款、行为性质和目的、习惯以及诚信原则，确定意思表示的含义。无相对人的意思表示的解释，不能完全拘泥于所使用的词句，而应当结合相关条款、行为的性质和目的、习惯以及诚信原则，确定行为人的真实意思。

合同文本采用两种以上文字订立并约定具有同等效力的，对各文本使用的词句推定具有相同含义。各文本使用的词句不一致的，应当根据合同的相关条款、性质、目的以及诚信原则等予以解释。

三、缔约过失责任

缔约过失责任①，亦称缔约过错责任，是指当事人在订立合同的过程中，因故意或者过失致使合同未成立、未生效、被撤销或无效，给他人造成损失而应承担的损害赔偿

---

① 王洪亮. 缔约过失构成与类型[M]. 北京：法律出版社，2023：68.

责任。

《民法典》规定，当事人在订立合同过程中有下列情形之一，给对方造成损失的，应当承担损害赔偿责任：①假借订立合同，恶意进行磋商；②故意隐瞒与订立合同有关的重要事实或者提供虚假情况；③当事人泄露或者不正当地使用在订立合同的过程中知悉的商业秘密；④有其他违背诚实信用原则的行为。

缔约过失责任与违约责任的区别：①两种责任产生的时间不同。缔约过失责任发生在合同订立之前；而违约责任产生于合同生效之后。②适用的范围不同。缔约过失责任适用于合同未成立、未生效、无效等情况；违约责任适用于生效合同。③赔偿范围不同。缔约过失责任赔偿的是信赖利益的损失；而违约责任赔偿的是可期待利益的损失。

第三节 合同的效力

一、合同的生效

合同的生效，是指已经依法成立的合同，发生相应的法律效力。合同的成立不等于合同的生效。《民法典》第502条规定，合同的生效时间如下：

①合同成立时生效。但是法律另有规定或者当事人另有约定的除外。

②法律、行政法规规定应当办理批准等手续生效的，办理批准、登记手续后生效。

③当事人对合同的效力可以附条件或者附期限。附生效条件的合同，自条件成就时生效。附解除条件的合同，自条件成就时失效。当事人为自己的利益不正当地阻止条件成就的，视为条件已经成就；不正当地促成条件成就的，视为条件不成就。附生效期限的合同，自期限届满时生效。附终止期限的合同，自期限届满时失效。

二、合同效力的层次

合同可以根据其效力层次分为有效合同、效力待定的合同、可撤销合同及无效合同。

此部分内容在本书第一章第四节民事法律行为制度部分做过详细分析，此处不赘述。根据《民法典》合同编第三章的规定，需要注意的内容包括：

1. 法定代表人超越权限订立的合同效力

《民法典》规定，法人的法定代表人或者非法人组织的负责人超越权限订立的合同，除相对人知道或者应当知道其超越权限外，该代表行为有效，订立的合同对法人或者非法人组织发生效力。

2. 当事人超越经营范围订立的合同的效力

《民法典》规定，当事人超越经营范围订立的合同的效力，应当依照《民法典》第一编第六章第三节和合同编的有关规定确定，不得仅以超越经营范围确认合同无效。

第四节 合同的履行

一、合同的履行规则

(一)履行原则

合同生效后，当事人应当按照约定全面履行自己的义务。当事人应当遵循诚信原则，根据合同的性质、目的和交易习惯履行通知、协助、保密等义务。当事人在履行合同过程中，应当避免浪费资源、污染环境和破坏生态。

(二)约定不明时合同内容的确定规则

1. 补充协议

合同生效后，当事人就质量、价款或者报酬、履行地点等内容没有约定或者约定不明确的，可以协议补充；不能达成补充协议的，按照合同相关条款或者交易习惯确定。

2. 依照法律规定确定规则

当事人就有关合同内容约定不明确，依据前条规定仍不能确定的，适用下列规则确定：

①质量要求不明确的，按照强制性国家标准履行；没有强制性国家标准的，按照推荐性国家标准履行；没有推荐性国家标准的，按照行业标准履行；没有国家标准、行业标准的，按照通常标准或者符合合同目的的特定标准履行。

②价款或者报酬不明确的，按照订立合同时履行地的市场价格履行；依法应当执行政府定价或者政府指导价的，依照规定履行。

③履行地点不明确，给付货币的，在接受货币一方所在地履行；交付不动产的，在不动产所在地履行；其他标的，在履行义务一方所在地履行。

④履行期限不明确的，债务人可以随时履行，债权人也可以随时请求履行，但是应当给对方必要的准备时间。

⑤履行方式不明确的，按照有利于实现合同目的的方式履行。

⑥履行费用的负担不明确的，由履行义务一方负担；因债权人原因增加的履行费用，由债权人负担。

(三)向第三人履行和由第三人履行

在这两种情况下,第三人均是履行主体,但不是合同的当事人。应对第三人的履行后果负责的是合同当事人,而非第三人。

1. 向第三人履行①

《民法典》规定,当事人约定由债务人向第三人履行债务,债务人未向第三人履行债务或者履行债务不符合约定的,应当向债权人承担违约责任。

法律规定或者当事人约定第三人可以直接请求债务人向其履行债务,第三人未在合理期限内明确拒绝,债务人未向第三人履行债务或者履行债务不符合约定的,第三人可以请求债务人承担违约责任;债务人对债权人的抗辩,可以向第三人主张。

2. 由第三人履行

《民法典》规定,当事人约定由第三人向债权人履行债务,第三人不履行债务或者履行债务不符合约定的,债务人应当向债权人承担违约责任。

债务人不履行债务,第三人对履行该债务具有合法利益的,第三人有权向债权人代为履行;但是,根据债务性质、按照当事人约定或者依照法律规定只能由债务人履行的除外。

债权人接受第三人履行后,其对债务人的债权转让给第三人,但是债务人和第三人另有约定的除外。

(四)中止履行、提前履行与部分履行

1. 中止履行

债权人分立、合并或者变更住所没有通知债务人,致使履行债务发生困难的,债务人可以中止履行或者将标的物提存。

2. 提前履行

债权人可以拒绝债务人提前履行债务,但是提前履行不损害债权人利益的除外。债务人提前履行债务给债权人增加的费用,由债务人负担。

3. 部分履行

债权人可以拒绝债务人部分履行债务,但是部分履行不损害债权人利益的除外。债务人部分履行债务给债权人增加的费用,由债务人负担。

---

① 王玉梅.合同法:第4版[M].北京:中国政法大学出版社,2022:60.

（五）电子合同履行

通过互联网等信息网络订立的电子合同的标的物为交付商品并采用快递物流方式交付的，收货人的签收时间为交付时间。电子合同的标的物为提供服务的，生成的电子凭证或者实物凭证中载明的时间为提供服务时间；前述凭证没有载明时间或者载明时间与实际提供服务时间不一致的，以实际提供服务的时间为准。

电子合同的标的物为采用在线传输方式交付的，合同标的物进入对方当事人指定的特定系统且能够检索识别的时间为交付时间。电子合同当事人对交付商品或者提供服务的方式、时间另有约定的，按照其约定。

（六）情势变更对合同履行的影响

1. 法定代表人、负责人、承办人的变动

《民法典》规定，合同生效后，当事人不得因姓名、名称的变更或者法定代表人、负责人、承办人的变动而不履行合同义务。

2. 合同的基础条件发生变化

合同成立后，合同的基础条件发生了当事人在订立合同时无法预见的、不属于商业风险的重大变化，继续履行合同对于当事人一方明显不公平的，受不利影响的当事人可以与对方重新协商；在合理期限内协商不成的，当事人可以请求人民法院或者仲裁机构变更或者解除合同。人民法院或者仲裁机构应当结合案件的实际情况，根据公平原则变更或者解除合同。

二、双务合同履行中的抗辩权

双务合同中的当事人互为债权人和债务人，双方的履行给付具有牵连性，为了体现双方权利义务的对等及保护交易安全，《民法典》为双务合同的债务人规定了同时履行抗辩权、先履行抗辩权和不安抗辩权三种履行抗辩权，使得债务人可以在法律规定的情况下保留给付以对抗相对人的请求权。

（一）同时履行抗辩权

同时履行抗辩权，是指双务合同的当事人应同时履行义务的，一方在对方未履行前，有拒绝对方请求自己履行合同的权利。《民法典》规定，当事人互负债务，没有先后履行顺序的，应当同时履行。一方在对方履行之前有权拒绝其履行要求。一方在对方履行债务不符合约定时，有权拒绝其相应的履行要求。

(二)先履行抗辩权

先履行抗辩权，是指双务合同中应当先履行义务的一方当事人未履行时，对方当事人有拒绝对方请求履行的权利。《民法典》规定，当事人互负债务，有先后履行顺序，应当先履行债务一方未履行的，后履行一方有权拒绝其履行要求。先履行一方履行债务不符合约定的，后履行一方有权拒绝其相应的履行要求。

(三)不安抗辩权

不安抗辩权，是指双务合同中应当先履行义务的一方当事人，有确切的证据证明相对人财产明显减少或欠缺信用，不能保证对待给付时，有暂时中止履行合同的权利。《民法典》规定，应当先履行义务的当事人，有确切的证据证明对方有下列情形之一的，可以中止履行：①经营状况严重恶化；②转移财产、抽逃资金，以逃避债务；③丧失商业信誉；④有丧失或者可能丧失履行债务能力的其他情形。主张不安抗辩权的当事人没有确切证据中止履行的，应当承担违约责任。

当事人行使不安抗辩权中止履行的，应当及时通知对方。对方提供适当担保时，应当恢复履行。中止履行后，对方在合理期限内未恢复履行能力并且未提供适当担保的，视为以自己的行为表明不履行主要债务，中止履行的一方可以解除合同并可以请求对方承担违约责任。

三、合同的保全

合同的保全是合同的一般担保，是指为了保护一般债权人不因债务人的财产不当减少而受损害，允许债权人干预债务人处分自己财产行为的法律制度。债权人代位权与债权人撤销权共同构成合同的保全。其中代位权是针对债务人消极不行使自己债权的行为，撤销权则是针对债务人积极侵害债权人债权实现的行为。

(一)债权人代位权

债权人代位权，是指债务人怠于行使其对第三人(次债务人)享有的到期债权或者与该债权有关的从权利，危及债权人债权实现时，债权人为保障自己的债权，可以自己的名义代位行使债务人对次债务人的债权的权利。

1. 代位权行使的条件

根据《民法典》规定，债权人提起代位权诉讼的，必须符合下列条件：

①债权人对债务人的债权合法。

②债务人怠于行使其到期债权或者与该债权有关的从权利，影响到债权人的到期债权实现的。债务人的懈怠行为必须是债务人不以诉讼方式或者仲裁方式向次债务人主张其享有的债权或者与该债权有关的从权利。因此，如果债务人以书面或口头方式催促次债务人履行债务，但是没有就此提起诉讼或者申请仲裁，仍然构成懈怠。

③债务人的债权已到期。除了债务人的债权要到期以外，债权人的债权原则上也应到期。根据《民法典》第536条规定，债权人的债权到期前，债务人的债权或者与该债权有关的从权利存在诉讼时效期间即将届满或者未及时申报破产债权等情形，影响债权人的债权实现的，债权人可以代位向债务人的相对人请求其向债务人履行、向破产管理人申报或者作出其他必要的行为。

④债务人的债权不是专属于债务人自身的债权。所谓专属于债务人自身的债权，是指基于扶养关系、抚养关系、赡养关系、继承关系产生的给付请求权和劳动报酬、退休金、养老金、抚恤金、安置费、人寿保险、人身伤害赔偿请求权等权利。

2. 代位权诉讼中的主体及管辖

（1）代位权诉讼中的主体

债权人代位权必须通过诉讼方式行使。在代位权诉讼中，原告是债权人，被告是次债务人，债务人为诉讼上应当追加的第三人。如果债权人胜诉，由次债务人承担诉讼费用，且从实现的债权中优先支付。代位权诉讼中的其他必要费用则由债务人负担。

（2）管辖

债权人提起代位权诉讼的，由被告住所地人民法院管辖。但是依法应当使用专属管辖规定的除外。

3. 代位权行使的法律效果

代位权的行使范围以债权人的到期债权为限。根据《民法典》第537条规定，人民法院认定代位权成立的，由债务人的相对人向债权人履行义务。债权人接受履行后，债权人与债务人、债务人与相对人之间相应的权利义务终止。债务人对相对人的权利或者与该债权有关的从权利被采取保全、执行措施，或者债务人破产的，依照相关法律的规定处理。

债权人提起代位权诉讼后，债务人无正当理由减免相对人的债务或者延长相对人的履行期限，债务人及其相对人均不得以此对抗债权人。

（二）债权人撤销权

债权人撤销权，是指债务人实施了减少财产行为，危及债权人债权实现时，债权人为保障自己的债权请求人民法院撤销债务人处分行为的权利。

1. 成立要件

根据《民法典》规定，债权人行使撤销权，应当具备以下条件：

①债权人对债务人存在有效的债权。债权的发生要合法，赌债等违法行为产生的债权因其自身都得不到法律的保护，亦不能行使债权人撤销权。

②债务人实施了减少财产的处分行为。债务人减少财产的处分行为具体是指：放弃债权(到期、未到期均可)、放弃债权担保或者恶意延长其到期债权的履行期限，影响债权人的债权实现；无偿转让财产，影响债权人的债权实现；以明显不合理低价转让财产或者以明显不合理高价受让他人财产或者为他人的债务提供担保，影响债权人的债权实现，并且相对人知道或者应当知道该情形。"明显不合理"价格，一般认为转让价格未达到交易时交易地的市场交易价或者指导价的70%；受让价格高于交易时交易地的市场交易价或者指导价的30%，一般认为"明显不合理的高价"。债务人与相对人存在亲属关系、关联关系的除外。

③债务人的处分行为已危害债权人债权的实现。即导致自己陷入无资力而无法清偿其债务。

④债权人须以自己的名义行使撤销权。

2. 撤销权诉讼中的主体与管辖

债权人撤销权必须通过诉讼方式行使。在诉讼中，债权人为原告，债务人为被告，受益人或受让人列为诉讼上的第三人。撤销权诉讼由被告住所地人民法院管辖。

3. 法律效果

撤销权的行使范围以债权人的债权为限。一旦人民法院撤销债务人影响债权人的债权实现的行为，产生如下法律效果：

①债务人的处分行为归于无效。债务人与受让人的行为自始无效。

②债权人可以请求受让人将所获利益返还债务人，而非直接返还给债权人。

③债权人行使撤销权的必要费用，包括诉讼费用、合理的律师代理费、差旅费等必要费用由债务人负担。

4. 撤销权行使的期限

债权人撤销权的行使受到期限限制。《民法典》第541条规定，撤销权应当自债权人知道或应当知道撤销事由之日起一年内行使。自债务人的行为发生之日起五年内没有行使撤销权的，该撤销权消灭。此处的"五年"期间为除斥期间，不适用诉讼时效中止、中断或者延长的规定。

第五节　合同的担保

一、合同担保的概念与方式

担保是指法律规定或者当事人约定的以保证合同履行、保障债权人利益实现为目的的法律措施。担保具有从属性与补充性特征。合同的主要担保方式一般有五种，即保证、抵押、质押、留置和定金。其中，保证、抵押、质押和定金，都是依据当事人的合同而设立，称为约定担保。留置则是直接依据法律的规定而设立，无须当事人之间特别约定，称为法定担保。保证是以保证人的财产和信用为担保的基础，属于人的担保。抵押、质押、留置，是以一定的财产为担保的基础，属于物的担保。定金是以一定的金钱为担保的基础，称为金钱担保。此外，所有权保留、融资租赁也可具有担保的功能。

二、保证

（一）保证与保证合同

1. 保证的概念

保证是指第三人和债权人约定，当债务人不履行到期债务或者发生当事人约定的情形时，该第三人按照约定履行债务或者承担责任的担保方式。"第三人"被称作保证人；"债权人"既是主债的债权人，也是保证合同中的债权人。

2. 保证合同

保证合同是指为保障债权的实现，保证人和债权人约定，当债务人不履行到期债务或者发生当事人约定的情形时，保证人履行债务或者承担责任的合同。保证合同当事人为保证人和债权人。

（1）保证合同的性质

保证合同为从合同。主合同有效成立或将要成立，保证合同才发生效力。故主合同无效，保证合同无效。但保证合同无效，并不必然导致主合同无效。

（2）保证合同的形式

《民法典》第685条规定，保证合同可以是单独订立的书面合同，也可以是主债权债务合同中的保证条款。第三人单方以书面形式向债权人作出保证，债权人接收且未提出异议的，保证合同成立。

（二）保证人

虽然自然人、法人或者其他组织均可以为保证人，但法律对保证人仍有限制，这些限制主要有：

①主债务人不得同时为自身保证人。如果主债务人同时为保证人，意味着其责任财产未增加，保证目的落空。

②机关法人不得为保证人，但是经国务院批准为使用外国政府或者国际经济组织贷款进行转贷的除外。

③以公益为目的的学校、幼儿园、医疗机构、养老机构等非营利法人、非法人组织原则上不得为保证人。

（三）保证方式

1. 一般保证和连带责任保证

根据保证人承担责任方式的不同，可以将保证分为一般保证和连带责任保证。所谓一般保证，是指当事人在保证合同中约定，债务人不能履行债务时，由保证人承担保证责任的，为一般保证。所谓连带责任保证，是指当事人在保证合同中约定保证人和债务人对债务承担连带责任的，为连带责任保证。根据《民法典》第686条规定，当事人在保证合同中对保证方式没有约定或者约定不明确的，按照一般保证承担保证责任。这两种保证之间最大的区别在于保证人是否享有先诉抗辩权，一般保证的保证人享有先诉抗辩权，连带责任保证的保证人则不享有。

先诉抗辩权，是指在主合同纠纷未经审判或仲裁，并就债务人财产依法强制执行用于清偿债务前，对债权人可拒绝承担保证责任。但是有下列情形之一的，保证人不得行使先诉抗辩权：

①债务人下落不明，且无财产可供执行；②人民法院已经受理债务人破产案件；③债权人有证据证明债务人的财产不足以履行全部债务或者丧失履行债务能力；④保证人书面表示放弃本款规定的权利。

2. 单独保证和共同保证

从保证人的数量划分，保证可分为单独保证和共同保证。单独保证是指只有一个保证人担保同债权的保证。共同保证是指数个保证人担保同一债权的保证。按照保证人是否约定各自承担的份额，可以将保证分为按份共同保证和连带共同保证。按份共同保证是保证人与债权人约定按照份额对主债务承担保证义务的共同保证；连带共同保证是各保证人约定均对全部主债务承担保证义务的共同保证。

（四）保证责任的范围与保证期间

1. 保证责任的范围

《民法典》第 691 条规定，保证的范围包括主债权及其利息、违约金、损害赔偿金和实现债权的费用。保证合同对责任范围另有约定的，按照其约定；当事人对保证担保的范围没有约定或者约定不明确的，保证人应当对全部债务承担责任。

2. 保证期间

保证期间是确定保证人承担保证责任的期间，是债权人向保证人行使追索权的期间。保证期间性质上属于除斥期间，不发生中止、中断和延长。

债权人与保证人可以约定保证期间，但是约定的保证期间早于主债务履行期限或者与主债务履行期限同时届满的，视为没有约定；没有约定或者约定不明确的，保证期间为主债务履行期限届满之日起六个月。债权人与债务人对主债务履行期限没有约定或者约定不明确的，保证期间自债权人请求债务人履行债务的宽限期届满之日起计算。

一般保证的债权人未在保证期间对债务人提起诉讼或者申请仲裁的，保证人不再承担保证责任。连带责任保证的债权人未在保证期间请求保证人承担保证责任的，保证人不再承担保证责任。

三、定金

（一）定金的概念与种类

定金，系以确保合同的履行为目的，由当事人一方在合同订立前后，合同履行前预先交付于另一方的金钱或者其他代替物的法律制度。按照定金的目的和功能的不同，可以把定金分为立约定金、成约定金、违约定金、解约定金等。

（二）定金的生效与法律效力

1. 定金的成立与生效

《民法典》第 586 条规定，当事人可以约定一方向对方给付定金作为债权的担保。定金合同自实际交付定金时成立。定金合同是实践性合同，给付定金是定金合同的生效条件。

2. 定金的法律效力

（1）定金罚则

给付定金的一方不履行约定的债务的，无权请求返还定金；收受定金的一方不履行约定的债务的，应当双倍返还定金。当事人一方不完全履行合同的，应当按照未履行部分所占合同约定内容的比例，适用定金罚则。

（2）定金罚则适用条件

在延迟履行或者有其他违约行为时，并不能当然适用定金罚则。只有因当事人一方延迟履行或者有其他违约行为，致使合同目的不能实现时，才可以适用定金罚则。当然法律另有规定或者当事人另有约定的除外。

（3）定金的数额

《民法典》第586条规定，定金的数额由当事人约定；但是，不得超过主合同标的额的百分之二十，超过部分不产生定金的效力。实际交付的定金数额多于或者少于约定数额的，视为变更约定的定金数额。

（4）违约金、定金条款不能并用

《民法典》第588条规定，当事人既约定违约金，又约定定金的，一方违约时，对方可以选择适用违约金或者定金条款，不能同时要求适用两个条款。

定金不足以弥补一方违约造成的损失的，对方可以请求赔偿超过定金数额的损失。

四、抵押权

（一）抵押权的概念

所谓抵押权，是指为担保债务的履行，债务人或者第三人不转移财产的占有，将该财产抵押给债权人的，债务人不履行到期债务或者发生当事人约定的实现抵押权的情形，债权人有权就该财产优先受偿。其中，债务人或者第三人为抵押人，债权人为抵押权人，提供担保的财产为抵押财产。

抵押权不移转抵押物的占有，不影响使用，债权人不必为保管抵押物付出成本，债权不能实现时能通过抵押权的行使确保债的安全。因此，抵押是最理想的担保物，被称为"担保之王。"

（二）抵押财产范围

1. 可抵押财产

《民法典》第395条第1款规定，债务人或者第三人有权处分的下列财产可以抵押：

①建筑物和其他土地附着物；②建设用地使用权；③海域使用权；④生产设备、原材料、半成品、产品；⑤正在建造的建筑物、船舶、航空器；⑥交通运输工具；⑦法律、行政法规未禁止抵押的其他财产。

2. 禁止抵押的财产

《民法典》第 399 条规定，下列财产不得抵押：

①土地所有权；②宅基地、自留地、自留山等集体所有的土地使用权，但是法律规定可以抵押的除外；③学校、幼儿园、医疗机构等为公益目的成立的非营利法人的教育设施、医疗卫生设施和其他公益设施；④所有权、使用权不明或者有争议的财产；⑤依法被查封、扣押、监管的财产；⑥法律、行政法规规定不得抵押的其他财产。

3. 动产浮动抵押①

《民法典》第 396 条规定，企业、个体工商户、农业生产经营者可以将现有的以及将有的生产设备、原材料、半成品、产品抵押，债务人不履行到期债务或者发生当事人约定的实现抵押权的情形，债权人有权就抵押财产确定时的动产优先受偿。由于设定此类抵押时抵押财产的范围尚未确定，而处于浮动之中，故称浮动抵押。

4. 房地一体原则

土地与建筑物虽然各自独立为权利客体，但二者紧密结合，不可分离，所以在确定抵押财产时，实行房地一体原则。以建筑物抵押的，该建筑物占用范围内的建设用地使用权一并抵押；以建设用地使用权抵押的，该土地上的建筑物一并抵押，但土地上的新增建筑物不作为抵押财产。另外，乡镇、村企业的建设用地使用权不得单独抵押，以乡镇、村企业的厂房等建筑物抵押的，其占用范围内的建设用地使用权一并抵押。

(三)抵押权的设定

1. 抵押合同

抵押权的设定应当由双方当事人签订抵押合同，并且抵押合同应当采用书面形式。

抵押合同一般包括下列条款：①被担保债权的种类和数额；②债务人履行债务的期限；③抵押财产的名称、数量等情况；④担保的范围。

《民法典》第 401 条规定，抵押权人在债务履行期限届满前，与抵押人约定债务人不履行到期债务时抵押财产归债权人所有的，只能依法就抵押财产优先受偿。

2. 抵押登记

抵押合同一般自双方当事人意思表示一致的时候成立生效，不以登记为生效要件，但抵押权本身却须登记。不动产抵押合同生效后未办理抵押登记手续，债权人有权请求抵押人办理抵押登记手续。不同的财产，登记产生的效力有所不同。

(1)登记生效

法律规定以建筑物和其他土地附着物、建设用地使用权、海域使用权、正在建造的建

① 葛伟军. 浮动抵押的兴起与异变[J]. 政法论丛，2023(5)：27-42.

筑物抵押的，应当办理抵押物登记，抵押权自登记之日起设立。

（2）登记对抗

以动产或者家庭承包方式取得的土地经营权抵押的，抵押权自抵押合同生效时设立；未经登记，不得对抗善意第三人。

《民法典》第404条规定，以动产抵押的，不得对抗正常经营活动中已经支付合理价款并取得抵押财产的买受人。

（四）最高额抵押

最高额抵押是指抵押人与抵押权人协议，在最高债权额限度内，以抵押物对一定期间内连续发生的债权担保。《民法典》第420条规定，为担保债务的履行，债务人或者第三人对一定期间内将要连续发生的债权提供担保财产的，债务人不履行到期债务或者发生当事人约定的实现抵押权的情形，抵押权人有权在最高债权额限度内就该担保财产优先受偿。

最高额抵押是抵押权生效时所担保的债权额尚未确定。根据《民法典》规定，最高额抵押担保的债权确定前，抵押权人与抵押人可以通过协议变更债权确定的期间、债权范围以及最高债权额。但是，变更的内容不得对其他抵押权人产生不利影响。

最高额抵押权设立前已经存在的债权，经当事人同意，可以转入最高额抵押担保的债权范围。

五、质权

（一）质权的概念

所谓质权，指债务人或者第三人将其动产或权利移交债权人占有，将该财产作为债的担保，当债务人不履行债务时，债权人有权依法就该财产的变价所得进行优先受偿。其中，债务人或者第三人为出质人，债权人为质权人，交付的动产为质押财产。

质权与抵押权具有以下区别：①抵押的标的物既可以是动产也可以是不动产，质押的标的物则不包括不动产。②抵押权的设定不要求移转抵押物的占有，质权的设定必须移转占有。③由于抵押权的设定不移转占有，因此抵押人可以继续对抵押物占有、使用、收益；而由于质押移转标的物的占有，因此质押人虽然享有对标的物的所有权，但不能直接对质押物进行占有、使用、收益。

（二）质权的客体

质权不能存在于不动产。能够成为质权客体的，只能是动产或者权利。

1. 动产质权

除法律、行政法规禁止转让的动产外，原则上，所有动产均可出质。

2. 权利质权

权利质押的标的应当具备下列条件：①必须是财产权。②必须是可以让与的权利。

《民法典》第440条规定，债务人或者第三人有权处分的下列权利可以出质：①汇票、支票、本票；②债券、存款单；③仓单、提单；④可以转让的基金份额、股权；⑤可以转让的注册商标专用权、专利权、著作权等知识产权中的财产权；⑥现有的以及将有的应收账款；⑦法律、行政法规规定可以出质的其他财产权利。

(三)质权的设定

1. 质押合同

设立质权，当事人应当以书面形式订立质押合同。质押合同一般包括以下条款：①被担保债权的种类和数额；②债务人履行债务的期限；③质押财产的名称、数量等情况；④担保的范围；⑤质押财产交付的时间、方式。

2. 交付或登记生效

(1)动产

质押合同是诺成合同，并不以质物占有的转移作为合同的生效要件。但是质权自出质人交付质押财产时设立。如果当事人约定出质人代质权人占有质物，则质权不生效。

(2)证券权利

以汇票、本票、支票、债券、存款单、仓单、提单出质的，质权自权利凭证交付质权人时设立；没有权利凭证的，质权自办理出质登记时设立。法律另有规定的，依照其规定。

(3)可以转让的基金份额、股权的质押

以基金份额、股权出质的，质权自办理出质登记时设立。

(4)知识产权

以注册商标专用权、专利权、著作权等知识产权中的财产权出质的，质权自办理出质登记时设立。

(5)以应收账款出质的，质权自办理出质登记时设立

中国人民银行征信中心是应收账款质押的登记机构。

应收账款，是指权利人因提供一定的货物、服务或设施而获得的要求义务人付款的权利，包括现有的和未来的金钱债权及其产生的收益，但不包括因票据或其他有价证券而产生的付款请求权。具体包括以下权利：①销售产生的债权，包括销售货物，供应水、电、气、暖，知识产权的许可使用等；②出租产生的债权，包括出租动产或不动产；③提供服

务产生的债权；④公路、桥梁、隧道、渡口等不动产收费权；⑤提供贷款或其他信用产生的债权。

六、留置权

(一) 留置权的概念与性质

1. 概念

留置权是指债权人按照合同约定占有债务人或者第三人的动产，债务人不按照合同约定的期限履行债务时，债权人有权依法留置该财产并以该财产折价或者以拍卖、变卖该财产的价款优先受偿。例如，甲为乙有偿保管某物，若乙一直拒绝支付保管费，则甲有权将该物变卖，按所得价款扣除保管费后返还于乙。除此之外，运输合同、加工承揽合同也易产生留置权。

2. 性质

留置权属于法定的担保物权，不必有当事人之间的担保合同，只要具备法定要件，即可成立。不过，当事人之间可以特约排除留置权。

(二) 留置权的成立条件

1. 债权人合法占有债务人或第三人的动产

可被留置的财产，如果属于同一法律关系，不必属于债务人所有。《最高人民法院关于适用〈中华人民共和国民法典〉有关担保制度的解释》第62条第1款规定，债权人因同一法律关系留置合法占有的第三人的动产，并主张就该留置财产优先受偿的，人民法院应予支持。

2. 债权已届清偿期且债务人未按规定期限履行义务

债权人的债权未届清偿期，其交付或返回所占有标的物的义务已届履行期的，不能行使留置权。但是，债权人能够证明债务人无支付能力的除外。

3. 占有的动产与债权属同一法律关系

为了防止物的占有人滥用留置权，《民法典》第448条规定，债权人留置的动产，应当与债权属于同一法律关系，但是企业之间留置的除外。

所谓同一法律关系，是指占有人交付或返还占有物之义务与留置所担保的债权属于同一法律关系。

(三) 留置权的效力

1. 留置担保的范围

①所担保债权的范围。留置担保的范围包括主债权、利息、违约金、损害赔偿金、留置物保管费用和实现留置权的费用。

②留置物的范围。留置财产为可分物的，留置财产的价值应当相当于债务的金额；留置财产为不可分物的，留置权人可以就其留置物的全部行使留置权。

2. 留置权人的优先受偿权

即留置权人就留置物的拍卖价款享有优先受偿权。

3. 留置权人的孳息收取权

留置权人有权收取留置财产的孳息。所收取的孳息应当先充抵收取孳息的费用。

4. 留置权人的保管义务

留置权人负有妥善保管留置财产的义务；因保管不善致使留置财产毁损、灭失的，应当承担赔偿责任。

5. 留置财产后的债务履行期限

《民法典》第 453 条规定，留置权人与债务人应当约定留置财产后的债务履行期限；没有约定或者约定不明确的，留置权人应当给债务人六十日以上履行债务的期限，但是鲜活易腐等不易保管的动产除外。债务人逾期未履行的，留置权人可以与债务人协议以留置财产折价，也可以就拍卖、变卖留置财产所得的价款优先受偿。

债权人应当按照上述期限通知债务人履行义务，未通知而直接变价处分留置物的，应当对此造成的损失承担赔偿责任。但若债权人与债务人已在合同中约定宽限期的，债权人可以不经通知，直接行使留置权。

6. 抵押权、质权与留置权的效力等级

同一动产上已设立抵押权或者质权，该动产又被留置的，留置权人优先受偿；同一财产法定登记的抵押权与质权并存时，抵押权人优先于质权人受偿；质权与未登记抵押权并存时，质权人优先于抵押权人受偿。

第六节 合同的变更、转让

依法成立的合同受法律保护，对当事人具有法律约束力，当事人应当按照合同约定履行自己的义务，不得擅自变更或者解除合同。合同订立后，因各种原因使得合同内容或者合同主体发生变更，称为合同的变更或合同的转让。

一、合同变更

合同变更，虽有广义和狭义两种，但《民法典》则是采用狭义，所称合同变更是指合同内容的变更，不包括合同主体的变更。合同主体的变更属于合同的转让。关于合同变更，要了解两方面的内容：①当事人协商一致，可以变更合同；②如果当事人对合同变更的内容约定不明确的，推定为未变更。

二、合同的转让

合同的转让，即合同主体的变更，是指当事人将合同的权利义务全部或者部分转让给第三人。合同的转让分为债权转让、债务承担及债权债务的概括移转。

(一)债权转让

债权转让，是指合同债权人通过协议将其债权全部或部分地转让给第三人的法律制度。债权转让不改变权利内容，但改变了权利主体。债权转让可以是全部转让，也可以是部分转让。其中债权人是转让人，第三人是受让人。

1. 债权转让的条件

须有有效的债权存在，转让双方之间须达成转让协议。

转让的合同权利须具有可让与性。《民法典》第 545 条规定，下列情形的债权不得转让：①根据债权性质不得转让；②按照当事人约定不得转让；③依照法律规定不得转让。当事人约定非金钱债权不得转让的，不得对抗善意第三人。当事人约定金钱债权不得转让的，不得对抗第三人。

2. 债权转让的效力

债权全部转让后，债权人不再是合同当事人，债权关系发生在受让人与债务人之间；在部分转让的情形下，原债权人就转让部分丧失债权。

债权人转让债权的，受让人取得与债权有关的从权利，但是该从权利专属于债权人自身的除外。受让人取得从权利不因该从权利未办理转移登记手续或者未转移占有而受到影响。

债务人接到债权转让通知后，债务人对让与人的抗辩，可以向受让人主张。《民法典》第 549 条规定，有下列情形之一的，债务人可以向受让人主张抵销：①债务人接到债权转让通知时，债务人对让与人享有债权，且债务人的债权先于转让的债权到期或者同时到期；②债务人的债权与转让的债权是基于同一合同产生。

3. 债权转让的程序

债权转让，不以征得债务人的同意为要件。但是债权转让的效力要对债务人发生效力，则以通知债务人为必要，未通知债务人的，该转让对债务人不发生效力。债权转让的通知不得撤销，但是经受让人同意的除外。

(二)债务承担

债务承担,是指债务人将合同义务的全部或者部分转移给第三人。《民法典》规定,债务人将债务的全部或者部分转移给第三人的,应当经债权人同意。债务人或者第三人可以催告债权人在合理期限内予以同意,债权人未作表示的,视为不同意。

债务人转移债务的,新债务人可以主张原债务人对债权人的抗辩;原债务人对债权人享有债权的,新债务人不得向债权人主张抵销。债务人转移债务的,新债务人应当承担与主债务有关的从债务,但是该从债务专属于原债务人自身的除外。

(三)债务加入

债务加入是指第三人加入债权债务关系,债务人不退出债权债务关系,第三人和债务人成为共同债务人。《民法典》第552条规定,第三人与债务人约定加入债务并通知债权人,或者第三人向债权人表示愿意加入债务,债权人未在合理期限内明确拒绝的,债权人可以请求第三人在其愿意承担的债务范围内和债务人承担连带债务。

(四)债权债务的概括移转

合同权利和义务的概括移转,是指合同一方当事人将自己在合同中的权利义务一并转让的法律制度。《民法典》第555条规定,当事人一方经对方同意,可以将自己在合同中的权利和义务一并转让给第三人。

合同的权利和义务一并转让的,适用债权转让、债务转移的有关规定。

合同债权债务的概括移转,可以依据合同发生,也可以因法律的规定而产生,在法律规定的移转中,最典型的就是因企业合并而发生的债权债务的概括移转,另外,继承也可以发生合同债权债务的概括转移。

第七节 合同的终止

一、合同终止的基本理论

合同的终止,是指因发生法律规定或当事人约定的情况,使当事人之间的权利义务关系消灭,而使合同终止法律效力。合同消灭的效力,除当事人之间的权利义务终止外,从属于主债的权利义务,也随之消灭。

合同作为一种民事法律关系，必须因一定的法律事实才能终止。《民法典》第557条规定，有下列情形之一的，债权债务终止：①债务已经履行；②债务相互抵销；③债务人依法将标的物提存；④债权人免除债务；⑤债权债务同归于一人；⑥法律规定或者当事人约定终止的其他情形。合同解除的，该合同的权利义务关系终止。

合同的权利义务终止后，当事人仍负有后合同义务，仍应当遵循诚信等原则，根据交易习惯履行通知、协助、保密、旧物回收等义务。

合同的权利义务终止，不影响合同中结算条款、清理条款以及解决争议方法条款的效力。

二、清偿

清偿，又称履行，是指为了实现合同目的，满足债权，合同债务人依照合同的约定圆满完成约定义务的行为和终局状态。它是合同消灭的最主要和最常见的原因。

三、解除

合同的解除，是指合同有效成立后，没有履行或者没有完全履行之前，双方当事人通过协议或者一方行使解除权的方式，使得合同关系终止的法律制度。合同的解除，分为合意解除与法定解除两种情况。

（一）合意解除

合意解除，又称协议解除，是指根据当事人事先约定的情况或经当事人协商一致而解除合同。约定解除是一种单方解除，即双方当事人在订立合同时，约定了合同当事人一方解除合同的条件。一旦该条件成就，解除权人就可以通过行使解除权而终止合同。协商解除是以一个新的合同解除旧的合同。合同成立并生效后，在未履行或未完全履行之前，合同当事人通过协商解除合同，使合同效力归于消灭。

（二）法定解除权

法定解除，是指根据法律规定而解除合同。根据《民法典》第563条规定，有下列情形之一的，当事人可以解除合同：

①因不可抗力致使不能实现合同目的。

行使此项解除权，除了发生不可抗力外，还必须要求是因不可抗力导致合同目的不能实现。双方当事人均可以行使解除权。

②在履行期限届满前，当事人一方明确表示或者以自己的行为表明不履行主要债务。

此项解除权的行使必须是不履行"主要"债务。

③当事人一方迟延履行主要债务，经催告后在合理期限内仍未履行。

此项解除权的行使，必须符合两个条件：延迟履行"主要"债务；催告后在合理期限内仍未履行。

④当事人一方迟延履行债务或者有其他违约行为致使不能实现合同目的。

此项解除权的行使条件之一，必须是"致使不能实现合同目的"。

⑤法律规定的其他情形。

以持续履行的债务为内容的不定期合同，当事人可以随时解除合同，但是应当在合理期限之前通知对方。

(三)合同解除权的行使

1. 行使期限

法律规定或者当事人约定解除权行使期限，期限届满当事人不行使的，该权利消灭。法律没有规定或者当事人没有约定解除权行使期限，自解除权人知道或者应当知道解除事由之日起一年内不行使，或者经对方催告后在合理期限内不行使的，该权利消灭。

2. 行使程序

当事人一方依法主张解除合同的，应当通知对方。合同自通知到达对方时解除；通知载明债务人在一定期限内不履行债务则合同自动解除，债务人在该期限内未履行债务的，合同自通知载明的期限届满时解除。对方对解除合同有异议的，任何一方当事人均可以请求人民法院或者仲裁机构确认解除行为的效力。

当事人一方未通知对方，直接以提起诉讼或者申请仲裁的方式依法主张解除合同，人民法院或者仲裁机构确认该主张的，合同自起诉状副本或者仲裁申请书副本送达对方时解除。

(四)合同解除后的法律效力

合同解除后，尚未履行的，终止履行；已经履行的，根据履行情况和合同性质，当事人可以请求恢复原状或者采取其他补救措施，并有权请求赔偿损失。

合同因违约解除的，解除权人可以请求违约方承担违约责任，但是当事人另有约定的除外；主合同解除后，担保人对债务人应当承担的民事责任仍应当承担担保责任，但是担保合同另有约定的除外。

四、抵销

抵销①是双方当事人互负债务时，一方通知对方以其债权充当债务的清偿或者双方协商以债权充当债务的清偿，使得双方的债务在对等额度内消灭的行为。抵销分为法定抵销与约定抵销。

1. 法定抵销

《民法典》第 568 条规定，当事人互负债务，该债务的标的物种类、品质相同的，任何一方可以将自己的债务与对方的到期债务抵销；但是，根据债务性质、按照当事人约定或者依照法律规定不得抵销的除外。

法定抵销中的抵销权性质上属于形成权，依当事人一方的意思表示而发生。因此当事人主张抵销的，应当通知对方，通知自到达对方时生效。抵销不得附条件或者附期限。

2. 约定抵销

《民法典》第 569 条规定，当事人互负债务，标的物种类、品质不相同的，经协商一致，也可以抵销。

五、提存

1. 提存的概念

提存是指债务人于债务已届履行期时，因非可归责于债务人的原因，导致债务人无法履行到期债务或者难以履行债务的情况下，债务人将标的物提交给提存机关保存，以终止债权债务关系的行为。《民法典》规定的提存是以清偿为目的，是债消灭的原因。

2. 提存原因

《民法典》规定，有下列情形之一的，难以履行债务的，债务人可以将标的物提存：

①债权人无正当理由拒绝受领；②债权人下落不明。债权人分立、合并或者变更住所没有通知债务人，致使履行债务发生困难的，债务人可以将标的物提存。③债权人死亡未确定继承人、遗产管理人，或者丧失民事行为能力未确定监护人。④法律规定的其他情形。

标的物不适于提存或者提存费用过高的，债务人依法可以拍卖或者变卖标的物，提存所得的价款。

3. 提存的法律效力

(1)在债务人与债权人间的效力

---

① 李永军. 合同法：第 7 版[M]. 北京：中国人民大学出版社，2024：315.

提存是债权当然消灭的原因。《民法典》规定，提存成立的，视为债务人在其提存范围内已经交付标的物。债务人应当及时通知债权人或者债权人的继承人、遗产管理人、监护人、财产代管人。

（2）提存物风险的承担

《民法典》规定，标的物提存后，毁损、灭失的风险由债权人承担。提存期间，标的物的孳息归债权人所有。提存费用由债权人负担。

（3）提存期限

《民法典》规定，债权人可以随时领取提存物。但是，债权人对债务人负有到期债务的，在债权人未履行债务或者提供担保之前，提存部门根据债务人的要求应当拒绝其领取提存物。

债权人领取提存物的权利，自提存之日起五年内不行使而消灭，提存物扣除提存费用后归国家所有。但是，债权人未履行对债务人的到期债务，或者债权人向提存部门书面表示放弃领取提存物权利的，债务人负担提存费用后有权取回提存物。

六、免除与混同

1. 免除

《民法典》规定，债权人免除债务人部分或者全部债务的，债权债务部分或者全部终止，但是债务人在合理期限内拒绝的除外。

2. 混同

混同是指债权与债务同归于一人，即债权债务混同时，债权债务终止，但是损害第三人利益的除外。

第八节　违约责任

一、违约责任概述

违约责任是违反合同的民事责任的简称，是指合同当事人一方不履行合同义务或履行合同义务不符合合同约定所应承担的民事责任。违约责任具有以下特点：①违约责任以合同的有效存在为前提。②违约责任是合同当事人不履行合同义务所产生的责任。如果当事人违反的不是合同义务，而是法律规定的其他义务，则应负其他责任。③违约责任可以当事人自己约定，且具有补偿性特征。④违约责任具有相对性。由于合同关系具有相对性，因此违约责任也具有相对性，即违约责任只能在特定的当事人之间即合同关系的当事人之间发生。

《民法典》对违约责任的归责原则采用的是严格责任。只要合同当事人客观上有违约行为，且给相对人造成损失，就需要承担损害赔偿责任，无论导致违约的原因为何，除了法定或者约定的免责事由以外，均不得主张免责。

二、违约形态

《民法典》将债务人的违约行为区分为预期违约和届期违约两种类型，除此之外，还规定了债权人迟延。

1. 预期违约

预期违约是指履行期到来之前当事人一方明确表示或者以自己的行为表明不履行合同义务的，对方可以在履行期限届满前请求其承担违约责任。预期违约分为明示的预期违约和默示的预期违约。

2. 届期违约

合同履行期到来后，当事人不履行或不完全履行合同义务的，构成届期违约。届期违约可以分为不履行和不适当履行。

3. 债权人迟延

债权人迟延又称受领迟延，是指债权人对给付未受领或者未提供必要协助的事实。《民法典》规定，债务人按照约定履行债务，债权人无正当理由拒绝受领的，债务人可以请求债权人赔偿增加的费用。在债权人受领迟延期间，债务人无须支付利息。

三、违约责任的承担方式

违约责任的承担方式主要有：继续履行、补救措施、损害赔偿三种方式。

（一）实际履行

继续履行，又称实际履行，是指当合同一方当事人违约时，守约方有权请求法院或仲裁机构强制违约方实际履行合同义务。

1. 金钱债务的继续履行①

金钱债务，原则上不存在履行不能的问题。《民法典》规定，当事人一方未支付价款、报酬、租金、利息，或者不履行其他金钱债务的，对方可以请求其支付。

2. 非金钱债务的继续履行

---

① 韩世远. 合同法学[M]. 北京：高等教育出版社，2022：83.

当事人一方不履行非金钱债务或履行非金钱债务不符合约定的，对方可以请求履行，但是有下列情形之一的除外：①法律上或事实上不能履行；②债务的标的不适于强制履行或履行费用过高；③债权人在合理期限内未请求履行。

非金钱债务存在上述规定除外情形之一，致使不能实现合同目的的，人民法院或仲裁机构可以根据当事人的请求终止合同权利义务关系，但是不影响违约责任的承担。

(二)补救措施

补救措施，是债务人的履行在质量、数量等方面不符合约定，债权人可以根据合同履行情况请求债务人采取补救履行措施。《民法典》规定，履行不符合约定的，应当按照当事人的约定承担违约责任。对违约责任没有约定或者约定不明确，依据本法第 510 条的规定仍不能确定的，受损害方根据标的的性质以及损失的大小，可以合理选择请求对方承担修理、重作、更换、退货、减少价款或者报酬等违约责任。

(三)损害赔偿

当事人一方不履行合同义务或者履行合同义务不符合约定，给对方造成损失的，应当承担损害赔偿责任；一方在履行义务或者采取补救措施后，对方还有其他损失的，应当赔偿损失。损害赔偿的具体方式主要有赔偿损失、支付违约金等。

1. 赔偿损失

损失赔偿额应当相当于因违约所造成的损失，包括合同履行后可以获得的利益；但是，不得超过违约一方订立合同时预见到或者应当预见到的因违约可能造成的损失。

2. 支付违约金

违约金，是指依据法律规定或当事人约定，一方当事人违约时应当根据违约情况向对方支付的一定数额的金钱。

(1)约定违约金

当事人可以约定一方违约时应当根据违约情况向对方支付一定数额的违约金，也可以约定因违约产生的损失赔偿额的计算方法。

(2)违约金的性质

《民法典》第 585 条规定，约定的违约金低于造成的损失的，人民法院或者仲裁机构可以根据当事人的请求予以增加；约定的违约金过分高于造成的损失的，人民法院或者仲裁机构可以根据当事人的请求予以适当减少。根据《最高人民法院关于审理商品房买卖合同纠纷案件适用法律若干问题的解释》的规定，当事人以约定的违约金过高为由请求减少的，应当以违约金超过造成的损失百分之三十为标准适当减少；当事人以约定的违约金低于造成的损失为由请求增加的，应当以违约造成的损失确定违约金数额。

当事人就迟延履行约定违约金的，违约方支付违约金后，还应当履行债务，迟延履行违约金和继续履行可以并用。

由上述条款可知，《民法典》规定的违约金的性质以补偿性为主，以惩罚性为辅。

（3）违约金与定金不可并用

当事人在合同中既约定违约金，又约定定金的，一方违约时，对方可以选择适用违约金或者定金条款，但两者不可同时并用。约定的定金不足以弥补一方违约造成的损失，对方请求赔偿超过定金部分损失的，人民法院可以并处，但定金和损失赔偿的数额总和不应高于因违约造成的损失。

四、违约责任的免除和减轻

（一）违约责任的免除

《民法典》规定的违约损害赔偿法定的免责事由仅限于不可抗力。不可抗力是指"不能预见、不能避免且不能克服的客观情况"。常见的不可抗力有：①自然灾害。如地震、台风、洪水、海啸等。②政府行为。政府行为一定是指当事人在订立合同以后发生，且不能预见的情形。如运输合同订立后，由于政府颁布禁运的法律，使合同不能履行。③社会异常现象。如罢工骚乱等。

不可抗力作为法定的免责事由，在适用时要注意以下几点：①不可抗力并非当然免责，要根据不可抗力对合同履行的影响决定。《民法典》第590条规定，因不可抗力不能履行合同的，根据不可抗力的影响，部分或者全部免除责任。②当事人迟延履行后发生不可抗力的，不免除其违约责任。③不可抗力事件发生后，主张不可抗力的一方要履行两项义务：一是及时通知对方，以减轻可能给对方造成的损失；二是在合理期限内提供证明。

（二）违约责任的减轻

1. 另一方当事人未采取适当措施防止损失扩大

《民法典》第591条规定，当事人一方违约后，对方应当采取适当措施防止损失的扩大；没有采取适当措施致使损失扩大的，不得就扩大的损失请求赔偿。当事人因防止损失扩大而支出的合理费用，由违约方负担。

2. 另一方当事人有过错

《民法典》第592条规定，当事人都违反合同的，应当各自承担相应的责任。当事人一方违约造成对方损失，对方对损失的发生有过错的，可以减少相应的损失赔偿额。

◎ **练习题**

1. 简述合同的概念及适用范围。

2. 简述要约的概念与有效要件。

3. 简述法律对格式条款的规定。

4. 简述缔约过失责任的概念及需要承担缔约过失责任的情形。

5. 效力待定合同的种类有哪些?

6. 简述不安抗辩权的概念及适用条件。

7. 简述代位权的概念及适用条件。

8. 简述撤销权的概念及适用条件。

9. 合同担保的方式有哪些?

10. 合同终止的原因有哪些?

11. 承担违约责任的方式有哪些?

第五章　创业中的争议解决

◎ 引言

创业者在创业经营过程中不可避免会碰到各类纠纷与争议。这些争议可能产生于创业者内部之间，也可能产生于创业主体与其他相关方之间。这些争议如果不能得以解决，往往会导致整个创业的彻底失败。因此妥善处理创业经营中的各种争议，特别是依照法律途径解决纠纷，成为影响创业者能否度过创业艰难期的重要因素之一。本章主要介绍创业者如何通过两种法律途径即诉讼或者仲裁方式解决经济纠纷①，需要了解仲裁和诉讼相关的法律知识及二者的区别和联系，并能够运用所学知识选择仲裁或诉讼方式解决相关争议。

◎ 本章引例

位于某市甲区的天南公司与位于乙区的海北公司签订合同，约定海北公司承建天南公司位于丙区的新办公楼，合同中未约定仲裁条款。在新办公楼施工过程中，天南公司与海北公司因工程增加工作量、工程进度款等问题发生争议。双方在交涉过程中通过电子邮件约定将争议提交某仲裁委员会进行仲裁。其后天南公司考虑到多种因素，向人民法院提起诉讼，请求判决解除合同。

法院在不知道双方曾约定仲裁的情况下受理了本案，海北公司进行了答辩，表示不同意解除合同。在一审法院审理过程中，原告申请法院裁定被告停止施工，法院未予准许。开庭审理过程中，原告提交了双方在履行合同过程中的会谈录音带和会议纪要，主张原合同已经变更。被告质证时表示，对方在会谈时进行录音未征得本方同意，被告事先不知道原告进行了录音，而会议纪要则无被告方人员的签字，故均不予认可。一审法院经过审理，判决驳回原告的诉讼请求。原告不服，认为一审判决错误，提出上诉，并称双方当事

---

① 经济纠纷的解决途径有四种：和解、调解、仲裁、诉讼。其中，双方当事人因和解达成的和解协议，以及因第三者介入调解而达成的调解协议，仅具有民事合同或民事契约的性质和效力，不具有强制执行力，只能依靠当事人自觉履行。在此不作赘述。本章仅介绍仲裁和诉讼两种解决经济纠纷的法律途径。

人之间存在仲裁协议，法院对本案无诉讼管辖权。

二审法院对本案进行了审理。在二审过程中，海北公司见一审法院判决支持了本公司的主张，又向二审法院提出反诉，请求天南公司支付拖欠的工程款。天南公司考虑到二审可能败诉，故提请调解，为了达成协议，表示认可部分工程新增加的工作量。后因调解不成，天南公司又表示对已认可增加的工作量不予认可。二审法院经过审理，判决驳回上诉，维持原判。

根据上述材料，回答下列问题：

1. 何地法院对本案具有诉讼管辖权？

2. 假设本案起诉前双方当事人对仲裁协议的效力有争议，可以通过何种途径加以解决？

3. 假设二审法院认为本案不应由人民法院受理，可以如何处理？

第一节 仲 裁

一、仲裁概述

仲裁是指由双方当事人协议将民商事争议提交仲裁机构，由仲裁机构对争议进行审理并作出裁决，以解决纠纷的方式。在中国，仲裁机构是依法设立的仲裁委员会。

(一)仲裁的适用范围①

依照《中华人民共和国仲裁法》的规定，平等主体的公民、法人和其他组织之间发生的合同纠纷和其他财产权益纠纷，可以仲裁。但是下列纠纷不能仲裁：

①婚姻、收养、监护、扶养、继承纠纷，这些纠纷属于当事人的人身关系范畴，不属于仲裁范围；

②依法应当由行政机关处理的行政争议。

(二)仲裁的原则与制度

1. 基本原则

(1)自愿原则

仲裁中的自愿原则至关重要，它赋予当事人自主权，决定是否将纠纷提交仲裁、将哪些纠纷提交仲裁、选择提交给哪个仲裁委员会以及如何组建仲裁庭等问题。在此过程中，

---

① 江伟. 仲裁法[M]. 北京：中国人民大学出版社，2023：49.

当事人拥有完全的自由和决定权，可以根据自身的需求和利益，自主选择最适合的仲裁方式和机构，以满足纠纷解决的特定需求。

（2）实事求是，合法、公平、合理原则

仲裁应当根据事实，符合法律规定，公平合理地解决纠纷。

（3）独立仲裁原则

仲裁依法独立进行，不受行政机关、社会团体和个人的干涉。仲裁委员会之间相互独立，不存在隶属关系。

2. 基本制度

（1）协议仲裁

仲裁协议是当事人自愿将他们之间已经发生或可能发生的争议提交仲裁解决的书面协议。仲裁必须依据当事人之间订立的有效的仲裁协议进行。

（2）或裁或审

在争议发生前或发生后，当事人有权选择解决争议的途径。他们可以自愿达成仲裁协议，将争议提交给仲裁委员会解决，或者选择向人民法院提起诉讼，通过诉讼途径解决争议。此外，和解或人民调解等方式也是解决争议的有效途径。但是需要注意的是，有效的仲裁协议将会排除人民法院对该案件的司法管辖权，只有在没有有效仲裁协议的情况下，法院才可以行使司法管辖权予以审理。

（3）一裁终局

仲裁实行一裁终局制度，一旦裁决作出后，如果当事人就同一纠纷再次申请仲裁或者向人民法院起诉，仲裁委员会或人民法院将不予受理。

二、仲裁协议

（一）仲裁协议的形式

当事人达成的仲裁协议必须是书面形式，包括合同中的仲裁条款、单独的仲裁协议书、数据电文等其他书面形式的仲裁协议，口头的仲裁协议无效。

（二）仲裁协议的内容

1. 请求仲裁的意思表示

2. 仲裁事项

如果当事人概括约定仲裁事项为合同争议，则基于合同成立、效力、变更、转让、履行、违约责任、解释、解除等产生的纠纷都可以认定为仲裁的事项。

3. 选定的仲裁委员会

若仲裁协议约定的仲裁机构名称不准确，或仅约定了仲裁规则，或约定了两个以上的仲裁机构，只要是能够确定具体的仲裁机构，则视为选定了仲裁委员会。

若当事人在仲裁协议中就仲裁事项或者仲裁委员会没有约定或者约定不明确，当事人可以达成补充协议，不能补充的，仲裁协议无效。

（三）仲裁协议的效力

1. 效力独立

仲裁协议独立存在，合同的变更、解除、终止或者无效，不影响仲裁协议的效力。

2. 效力扩张

在以下情形中，相关人员虽未与对方当事人签订仲裁协议，但仍受仲裁协议的约束：

①当事人订立仲裁协议后合并或者分立的，仲裁协议对其权利义务的继受人仍然有效，但是当事人另有约定的除外。

②当事人订立仲裁协议后死亡的，仲裁协议对承继其仲裁事项中权利义务的继承人有效，但是当事人另有约定的除外。

③债权债务全部或者部分转让的，仲裁协议对受让人有效，但是当事人另有约定或者在受让债权债务时受让人明确反对或者不知有单独仲裁协议的情形下除外。

（四）仲裁协议效力的确认①

1. 确认主管机关

当事人对仲裁协议的效力存在异议的，可以请求仲裁委员会作出决定或者请求人民法院作出裁定。一方请求仲裁委员会作出决定，另一方请求人民法院作出裁定的，如果仲裁委员会先于法院接受申请并已作出决定，法院则应不予受理；如果仲裁机构接受申请后尚未作出决定，法院应该予以受理，同时通知仲裁机构中止仲裁。

2. 法院审查时的管辖

当事人向人民法院申请确认仲裁协议效力的案件，由仲裁协议约定的仲裁机构所在地、仲裁协议签订地、申请人或者被申请人住所地的中级人民法院或专门人民法院管辖。当事人可以在上述法院中就管辖法院进行选择。如果申请人同时向两个以上有管辖权的人民法院提出申请，则由最先立案的人民法院管辖。

3. 申请的时间

---

① 肖建国. 仲裁法学［M］. 北京：高等教育出版社，2021：52.

当事人对仲裁协议的效力有异议，应当在仲裁庭首次开庭前提出。当事人在仲裁庭首次开庭前没有对仲裁协议的效力提出异议，而后向人民法院申请确认仲裁协议无效的，人民法院不予受理；在仲裁裁决作出后，以仲裁协议无效为由主张撤销仲裁裁决或者提出不予执行抗辩的，人民法院亦不予支持。

4. 裁定的效力

人民法院在仲裁效力确认案件中作出的裁定，除不予受理、驳回申请、管辖权异议的裁定外，一经送达即发生法律效力。当事人申请复议、提出上诉或者申请再审的，人民法院不予受理，除非法律或行政法规另有规定。

(五)仲裁协议的放弃、无效与失效

1. 放弃

依照法律规定，当事人达成仲裁协议，一方向人民法院起诉未声明有仲裁协议，人民法院受理后，另一方在首次开庭前提交仲裁协议的，人民法院除仲裁协议无效外，均应当驳回起诉，此即为有效的仲裁协议排除法院的司法管辖权。

上述情况中，如果另一方在首次开庭前未对人民法院受理该案提出异议的，视为其放弃仲裁协议，人民法院应当继续审理，仲裁协议将因为当事人的放弃而失去效力。

2. 无效

依照《仲裁法》的相关规定，仲裁协议有下列情形之一的，自始无效：

①约定的仲裁事项超出法律规定的仲裁范围的；

②无民事行为能力人或者限制民事行为能力人订立仲裁协议的；

③一方采取胁迫手段，迫使对方订立仲裁协议的；

④仲裁协议对仲裁事项或仲裁委员会没有约定或约定不明确，当事人又不能协议补充的。

3. 失效

依照《仲裁法》的规定，有下列情形的，有效的仲裁协议将失去效力：

①该纠纷已经经过实体裁决的；

②当事人协议放弃仲裁协议的；

③超过当事人在仲裁协议中约定的仲裁协议有效期的。

由于仲裁的适用以存在合法有效的仲裁协议为前提，因此，对于有意就可能产生的民商事纠纷适用仲裁的民事主体而言，建议事先与对方依法达成仲裁协议，以免事后不必要的争议。

三、仲裁程序

（一）申请与受理

1. 申请

符合以下条件的，当事人可以申请仲裁：

①有仲裁协议；

②有具体的仲裁请求和事实、理由；

③属于仲裁委员会的受理范围。

2. 受理

仲裁委员会收到仲裁申请书之日起 5 日内，认为符合受理条件的，应当受理并通知当事人；认为不符合受理条件的，应当书面通知当事人不予受理并说明理由。仲裁委员会受理仲裁申请后，应当在仲裁规则规定的期限内将仲裁规则和仲裁员名册送达申请人，并将仲裁申请书副本和仲裁规则、仲裁员名册送达被申请人。被申请人收到仲裁申请书副本后，应当在仲裁规则规定的期限内向仲裁委员会提交答辩书。仲裁委员会收到答辩书后，应当在仲裁规则规定的期限内将答辩书副本送达申请人。被申请人未提交答辩书的，不影响仲裁程序的进行。

（二）仲裁庭的组成

1. 组成形式

仲裁庭有两种组成形式，既可以由三名仲裁员组成合议仲裁庭，也可以由一名仲裁员组成独任仲裁庭，合议仲裁庭中设有首席仲裁员。

2. 组成程序

当事人应当首先选择合意仲裁还是独任仲裁。选择合意仲裁的，应当各自选定或者各自委托仲裁委员会主任指定一名仲裁员，第三名仲裁员（首席仲裁员）由当事人共同选定或者共同委托仲裁委员会主任指定；选择独任仲裁的，应当由当事人共同选定或者共同委托仲裁委员会主任指定仲裁员。当事人没有在仲裁规则规定的期限内约定仲裁庭的组成方式或者选定仲裁员的，由仲裁委员会主任指定。

（三）仲裁员的回避

1. 回避情形

仲裁员有下列情形之一的，应当自行回避，当事人也可能申请该仲裁员回避：

①是本案当事人或者当事人、代理人的近亲属的；

②与本案有利害关系的；

③与本案当事人、代理人有其他关系，可能影响公正仲裁的；

④私自会见当事人、代理人，或者接受当事人、代理人的请客送礼的。

2. 时间

当事人提出回避申请，应当在首次开庭前提出。回避事由在首次开庭后知道的，也可以在最后一次开庭终结前提出。

3. 处理

仲裁员是否回避，由仲裁委员会主任决定；仲裁委员会主任担任仲裁员时，由仲裁委员会集体决定。

4. 后果

仲裁员回避的，应当依法重新选定或者指定仲裁员，因回避而重新选定或者指定仲裁员后，当事人可以请求已进行的仲裁程序重新进行，是否准许，由仲裁庭决定；仲裁庭也可以自行决定已进行的仲裁程序是否重新进行。

(四)审理过程

1. 审理方式

仲裁原则上开庭不公开进行。当事人协议不开庭的，仲裁庭可以书面审理；当事人协议公开的，可以公开进行，但涉及国家秘密的除外。

2. 证据收集与出示

当事人应当对自己的主张提供证据，仲裁庭在认为有必要时也可以自行收集证据。证据应当在开庭时出示以便当事人质证。

3. 辩论

作为解决争议的方式，在仲裁过程中，当事人有权进行辩论。辩论终结时，首席仲裁员或者独任仲裁员还应当征询当事人的最后意见。

4. 笔录

笔录是记载仲裁庭审过程及有关事实的重要材料。因此，仲裁庭应当制作笔录，记录开庭等有关情况，并由仲裁员、记录人员、当事人和其他仲裁参与人签名或者盖章。当事人和其他仲裁参与人认为对自己陈述的记录有遗漏或者差错的，有权申请补正。如果不予补正，也应当记录该申请。

5. 裁决

被申请人经书面通知，无正当理由拒不到庭或者未经仲裁庭许可中途退庭的，仲裁庭可以缺席裁决。

当事人申请仲裁后，可以自行和解，达成和解协议的，可以请求仲裁庭根据和解协议作出裁决书，也可以撤回仲裁申请。

仲裁庭在作出裁决前，可以就当事人的纠纷先行调解，经调解达成协议的，仲裁庭应当制作调解书或者根据协议的结果制作裁决书，调解书与裁决书具有同样的法律效力。

第二节　诉　　讼

一、起诉的条件

(一)实质要件

根据《民事诉讼法》第 122 条的规定，起诉必须符合下列条件：原告是与本案有直接利害关系的公民、法人和其他组织；有明确的被告；有具体的诉讼请求和事实、理由；属于人民法院受理民事诉讼的范围和受诉人民法院管辖。

(二)形式要件

根据《民事诉讼法》第 123 条的规定，起诉应向人民法院递交起诉状，并按照被告人数提出副本。起诉状内容包括：当事人的基本情况；诉讼请求和所根据的事实与理由；证据和证据来源、证人姓名和住所；同时预交案件受理费。

二、案件管辖

(一)级别管辖

级别管辖就是在法院系统内部，划分上下级人民法院之间受理第一审民事案件的分工和权限的管辖。划分标准为案件的性质、繁简度、案件影响的大小、诉讼标的额的大小等。

基层人民法院管辖的第一审民事案件：基层人民法院的管辖是级别管辖的基础，第一审民事案件原则上由基层人民法院管辖。

中级人民法院管辖的第一审民事案件：重大涉外案件；在本辖区有重大影响的案件；最高人民法院确定由中级人民法院管辖的案件。

高级人民法院管辖的第一审民事案件：在本辖区有重大影响的案件。

最高人民法院管辖的第一审民事案件：在全国有重大影响的案件和最高人民法院认为

应当由本院审理的案件。

(二)地域管辖

地域管辖是指按照法院的辖区和民事案件的隶属管辖来划分同级法院之间受理第一审民事案件的分工和权限的管辖,分为一般地域管辖和专属地域管辖。级别管辖是审判权的纵向划分,地域管辖则是审判权的横向划分。

1. 一般地域管辖

一般地域管辖是指按照当事人所在地与所在法院的隶属关系所确定的管辖,一般地域管辖适用原告就被告的原则。根据《民事诉讼法》第 22 条的规定,对公民提起的民事诉讼,由被告住所地法院管辖;被告住所地与经常居住地不一致的,由经常居住地法院管辖。对法人或其他组织提起的民事诉讼,由被告住所地法院管辖。同一诉讼的几个被告住所地、经常居住地在两个以上人民法院辖区的,各该人民法院都有管辖权。

2. 地域管辖

特定的案件专门属于特定的法院管辖。[1]

①因不动产纠纷提起的诉讼,由不动产所在地人民法院管辖;

②因港口作业发生纠纷提起的诉讼,由港口所在地人民法院管辖;

③因继承遗产纠纷提起的诉讼,由被继承人死亡时住所地或主要资产所在地人民法院管辖。

三、举证责任

(一)举证责任的一般原则

当事人对自己提出的主张,有责任提供证据,即"谁主张,谁举证",否则就要承担不利的后果。主张事实的当事人,就其主张的事实已举出相当证据时,即可卸除其举证责任。如在合同纠纷案件中,主张合同关系成立并生效的一方当事人对合同订立和生效的事实承担举证责任;主张合同关系变更、解除终止撤销的一方当事人对引起合同关系变动的事实承担举证责任。对合同是否履行发生争议的,由负有履行义务的当事人承担举证责任。

---

[1]　向在胜.中国涉外民事专属管辖权的法理检视与规则重构[J].法商研究,2023,40(01):50-62.

（二）举证责任的倒置

在由法律、司法解释作出特别规定的情况下，原告提出的主张不由其提供证据加以证明，而由被告承担举证责任。主要适用于无过错归责原则的侵权行为引起的损害赔偿纠纷案件。如因新产品制造方法发明专利引起的专利侵权诉讼，由制造同样产品的单位或者个人对其产品制造方法不同于专利方法承担举证责任；又如因环境污染引起的损害赔偿诉讼，由加害人就法律规定的免责事由及其行为与损害结果之间不存在因果关系承担举证责任。

四、财产保全

在诉讼中，如果出现当事人一方恶意抽逃资金，变卖、挥霍、转移、隐藏财产和标的物，以及由于争议标的物自身属性而发生腐烂、变质、毁损的现象，那么，法院判决生效后就无财产可供执行或难以执行。为此当事人可以申请法院对争议的财产或争议的标的物采取财产保全措施，在一定时期内限制当事人对该项财产的支配、处分权。当事人申请财产保全，应当提交以下材料：

①申请书。申请书应当载明当事人及其基本情况，申请财产保全的具体数额，申请采取财产保全措施的方式，申请理由。

②被申请人的明确地址或住所地，以及被申请人的开户银行及账号等财产线索。

③有效的担保手续。采用现金担保的，应当提供与请求范围价值相当的现金；采用实物担保的，应当提供与请求范围价值相当的动产或不动产；采用保证人担保的，应当向人民法院提交担保书、营业执照副本的复印件、资产负债表、损益表，并应加盖保证人的单位公章。担保书中应明确担保事项和担保金额。

五、上诉

人民法院适用普通程序或者简易程序对争议案件经过审理作出裁判后，如果当事人不服即可行使上诉权提起上诉，要求上级人民法院对案件进行二审。

（一）上诉的条件

上诉是当事人的重要诉讼权利，其法律后果是引起二审程序的发生，因此，当事人提起上诉应当具备以下条件：

1. 实质条件

上诉的实质条件，即当事人可以针对哪些判决与裁定提起上诉。允许上诉的判决，即地方各级人民法院适用普通程序与简易程序审理后作出的判决，以及人民法院对发回重审与按照一审程序对案件进行再审后作出的判决。允许上诉的裁定，即对管辖权有异议的裁定、不予受理的裁定、驳回起诉的裁定和驳回破产申请的裁定。

2. 形式条件

当事人提起上诉除具备实质条件外，还应当符合下列形式条件：首先上诉人与被上诉人合法。在民事诉讼中，有权提起上诉而成为上诉人的应当是一审判决中的实体权利义务承受人，具体包括一审中的原告、被告、共同诉讼人，有独立请求权的第三人和承担实体义务的无独立请求权的第三人。也就是说，当事人是否享有上诉权取决于依据一审判决是否享有实体权利或者承担实体义务。其次，必须在法定的上诉期间内上诉。根据《民事诉讼法》的规定对一审判决的上诉期为 15 天，对一审裁定的上诉期为 10 天。

（二）上诉的受理

当事人提起上诉，原则上应当将上诉状交给原审法院，当然也可以直接将上诉状交给上级人民法院。通过原审法院上诉的，原审法院应当在 5 日内将上诉状副本送达给对方当事人，对方当事人在收到之日起 15 日内提出答辩状，人民法院应当在收到答辩状之日起 5 日内将答辩状副本送达上诉人。原审法院收到上诉状答辩状，应当在 5 日内连同全部案卷和证据，报送第二审人民法院。当事人直接向第二审人民法院上诉的，第二审人民法院应当在 5 日内将上诉状移交原审人民法院，然后由原审人民法院进行上述程序性工作。

（三）上诉案件的裁判

1. 对一审判决提起上诉案件的处理

当事人对一审判决不服，提起上诉后，二审人民法院应当根据审理的情况分别作出以下处理：驳回上诉，维持原判决；依法改判；裁定撤销原判，发回重审。

2. 对一审裁定提起上诉案件的处理

当事人对一审法院作出的允许上诉的裁定提起上诉后，二审人民法院只能适用裁定来处理。根据具体情况可以作出以下两种处理：驳回上诉，维持原裁定；改变原裁定，即原裁定认定事实不清或者证据不足，适用法律错误的，应当撤销原裁定，作出正确的裁定。

（四）二审的法律效力

我国实行两审终审制度，第二审法院对上诉案件作出二审判决或者裁定后，该裁判即产生相应的法律效力：

当事人不得再行上诉。

不得就同一诉讼的同一事实和理由再行起诉,这是由民事诉讼中"一事不再理"的原则所决定的。

具有强制执行的法律效力,即对有负有给付内容的生效裁判,如果义务人不履行法律文书所确定的实体义务,则权利人可以依法在法定期限内申请人民法院强制执行。

◎ **练习题**

1. 简述仲裁的基本原则。
2. 简述仲裁协议的内容。
3. 哪些案件属于专属地域管辖?
4. 论述举证责任。
5. 二审法院对上诉案件的裁判方式有哪些?

参 考 文 献

一、著作类

[1] 习近平．习近平谈治国理政：第一卷[M]．北京：外文出版社，2018．

[2] 习近平．习近平谈治国理政：第二卷[M]．北京：外文出版社，2017．

[3] 中共中央文献研究室．习近平关于全面依法治国论述摘编[M]．北京：中央文献出版社，2015．

[4] 中共中央文献研究室．习近平关于社会主义政治建设论述摘编[M]．北京：中央文献出版社，2017．

[5] 习近平．决胜全面建成小康社会　夺取新时代中国特色社会主义伟大胜利——在中国共产党第十九次全国代表大会上的报告[M]．北京：人民出版社，2017．

[6] 马克思恩格斯文集：第3卷[M]．北京：人民出版社，2009．

[7] 常亮，王硕．创业必备法律知识及案例精解[M]．北京：清华大学出版社，2022．

[8] 叶虹，柴始青，占光胜．大学生创业法律实务：第3版[M]．北京：清华大学出版社，2021．

[9] 习近平．中共中央关于党的百年奋斗重大成就和历史经验的决议[M]．北京：人民出版社，2021．

[10] 卡尔·拉伦茨．德国民法通论：上册[M]．王晓晔，等，译．北京：法律出版社，2003．

[11] 萨维尼．当代罗马法体系：法律渊源·制定法解释·法律关系[M]．朱虎，译．北京：中国法制出版社，2010．

[12] 凯尔森．法与国家的一般理论[M]．沈宗灵，译．北京：中国大百科全书出版社，1996．

[13] 李亮国，邹娟平，刘秋蓉．经济法[M]．成都：电子科技大学出版社，2019．

[14] 施天涛．公司法论：第4版[M]．北京：法律出版社，2018．

[15] 马慧娟，谢维华．新编经济法教程[M]．昆明：云南大学出版社，2016．

[16] 赵旭东. 商法学[M]. 北京：高等教育出版社，2015.

[17] 刘心稳. 中国民法[M]. 北京：中国政法大学出版社，2012.

[18] 李飞. 中华人民共和国合伙企业法释义[M]. 北京：法律出版社，2006.

[19] 甘培忠. 企业与公司法：第10版[M]. 北京：北京大学出版社，2021.

[20] 郑昆白. 商法教程[M]. 北京：中国政法大学出版社，2021.

[21] 朱炎生. 公司法[M]. 厦门：厦门大学出版社，2015.

[22] 石少侠. 公司法概论[M]. 北京：当代世界出版社，2000.

[23] 刘俊海. 公司的社会责任[M]. 北京：法律出版社，1999.

[24] 韩世远. 合同法总论[M]. 北京：中国人民大学出版社，2017.

[25] 王利明. 合同法研究：第一卷[M]. 北京：中国人民大学出版社，2015.

[26] 崔建远. 合同法：第八版[M]. 北京：法律出版社，2012.

[27] 江伟. 仲裁法[M]. 北京：中国人民大学出版社，2023.

[28] 王利明. 合同法前沿问题研究：第三版[M]. 北京：人民法院出版社，2021.

[29] 肖建国. 仲裁法学[M]. 北京：高等教育出版社，2021.

[30] 中国注册会计师协会组织. 经济法[M]. 北京：中国财政经济出版社，2024.

[31] 范健. 商法学：第二版[M]. 北京：高等教育出版社，2022.

[32] 江平，赵旭东. 法人制度论[M]. 北京：中国政法大学出版社，1994.

二、期刊类

[1] 习近平. 关于《中共中央关于全面深化改革若干重大问题的决定》的说明[J]. 求是，
    2013(22).

[2] 习近平. 加快建设社会主义法治国家[J]. 求是，2015(1).

[3] 张文显. 法理：法理学的中心主题和法学的共同关注[J]. 清华法学，2017，11(4).

[4] 孙国华，黄金华. 法是"理"与"力"的结合[J]. 法学，1996(1).

[5] 冯珏. 自然人与法人的权利能力——对于法人本质特征的追问[J]. 中外法学，
    2021，33(2).

[6] 许中缘. 论法人的独立责任与二元民事主体制度[J]. 法学评论，2017，35(1).

[7] 谢鸿飞. 论民法典法人性质的定位　法律历史社会学与法教义学分析[J]. 中外法学，
    2015，27(6).

[8] 刘惠明，赵宇峰. 安全港条款在有限合伙基金中的嬗变与重构——基于有限责任与管
    理权之矛盾的视角[J]. 行政与法，2014(6).

后　记

本书由湖北大学法学院孙玉凤主编，湖北大学法学院硕士研究生李夏雨、黄静蕾、王鹏三位同学参与了本书的编写。其中，李夏雨负责第一章初稿、王鹏撰写第二章初稿、黄静蕾撰写第四章初稿，其他章节由孙玉凤撰写。书稿全部完成后，由孙玉凤负责最后统稿、修改审定。

本书为湖北大学国家级创新创业学院建设成果，该书的出版，得到了湖北大学和武汉大学出版社的大力支持，在此一并感谢！

限于作者学术水平，书中难免会有疏漏、错误之处，敬请读者不吝指正。

孙玉凤

于湖北大学沙湖

2024 年 10 月